頭の中は最強の実験室

学問の常識を揺るがした思考実験

榛葉 豊

(DOJIN文庫)

目　次

はじめに　～そもそも思考実験とは何か？～　　9
思考実験の必要性－なぜ実際にやらないのか？／思考実験の特徴－単純で極端なのがいい／思考実験のやり方－アリーナ、プレーヤー，そしてルール／シミュレーションとの違い－理論そのものを問え！

PART I　頭の中だからこそできる！これぞ真骨頂の思考実験

実験 File 01　トロッコ問題と臓器くじ　　24
1人を助けるか5人を助けるか!?
死ぬか殺すかの究極の選択／「トロッコ問題」の思考実験／「トロッコ問題」のバリエーション／何が正義なのか／「臓器くじ」の思考実験／あなたは何を基準に判断しているか／「野戦病院での薬の配分」を考えてみよう

実験 File 02　ゼノンのパラドックス　　36
時間・空間は無限に分割できるか!?
ピュタゴラス教団 vs. ゼノン／「アキレスと亀」の思考実験／ゼノンは数学的にまちがっていた？／「アキレスと亀」は本当にパラドックスか？／無限とはいったいどういうことだろう

Column　ベルヌーイのサンクトペテルブルクの賭け　48

実験 File 03　ガリレオの思考実験　　52
相手の主張を取り入れるふりをしてやっつけろ！
重い物ほど速く落ちる!?－アリストテレスの自然学／「連結物体の落下」の思考実験／「媒体の抵抗」の思考実験／相手の矛盾を突いて自分の主張を通す

4　目次

PART II	人間と世界の存在を根底から問う！ 哲学・世界観の思考実験

実験 File 04　転送機問題　　66
瞬間移動したあなたは元のあなたと同一人物か !?

「どこでもドア」の難問／何をもって同一人物だというのか／パーフィット「転送機」の思考実験 ①／パーフィット「転送機」の思考実験 ②／難病治療のためなら冷凍保存されてもかまわないか
文庫化に際して：マインドアップローディングが議論される時代に

Column テセウスの船　80

実験 File 05　マリーの部屋と哲学的ゾンビ　　81
クオリアとは何か？

「コウモリであるとはどのようなことか」の思考実験／クオリアとは何か／「クオリアの逆転」の思考実験／「マリーの部屋」の思考実験／「哲学的ゾンビ」の思考実験

実験 File 06　チューリング・テスト vs. 中国語の部屋　　95
コンピュータは知性をもつことができるか !?

コンピュータと人間との区別ができるかー「イライザ」／コンピュータ科学の開拓者ーフォン・ノイマンとチューリング／コンピュータは考えているのかー「チューリング・テスト」／「中国語の部屋」の思考実験／脳細胞の一つ一つは日本語を理解していなくても／「心とは何か」という超難問
文庫化に際して：人工知能が実現しつつある今日

実験 File 07　水槽の中の脳と世界5分前創造仮説　　110
この世界が夢でないといいきれるか !?

SF映画「マトリックス」の仮想現実／「水槽の中の脳」の思考実験／デカルトの「夢論法」／デカルトの「欺く神」／パトナムの言いたかったこと／「世界5分前創造仮説」の思考実験／世界は6000年前に創られた !?ー創造科学

実験 File 08	**宇宙のファイン・チューニングから眠り姫問題へ** *127*
	宇宙はなぜ奇跡的に人類誕生に都合がよかったのか!?

「湖の魚」の思考実験／奇跡的な「宇宙のファイン・チューニング」／「人間原理」で神の登場を避けられるか!?／「多宇宙」による奇跡の説明／「平凡の原理」と「終末論法」／「眠り姫問題」の思考実験

PART III	**確率と可能性のロジックを探る！** **数学・論理の思考実験**

実験 File 09	**ギャンブラーの誤謬** *148*
	奇跡がそんなに続くはずはないか!?

賭博と確率論のただならぬ関係／「ギャンブラーの誤謬」の思考実験／未来の見方を変える－ベイズ推論とラプラス継起の規則／「逆ギャンブラーの誤謬」の思考実験／奇跡が偶然ではなく必然であったなら／サルのシェークスピアは奇跡か－観測選択効果

Column ド・メレの疑問 *161*

実験 File 10	**モンティホール・ジレンマと3囚人問題** *163*
	どちらが得か考えてみよう！

モンティホール・ジレンマ／主婦マリリンの見解／「3囚人問題」の思考実験／「変形3囚人問題」の思考実験／「3囚人問題」が自分だったらどうするか？／確率は気分しだい？－主観解釈と客観解釈

Column ベイズの定理 *177*

実験 File 11	**ニューカム問題と囚人のジレンマ** *180*
	現在の行いで過ぎ去った過去を変えられるか!?

「舌切り雀」も思考実験だって？／ニューカムの思考実験／箱Bだけを取ったほうがいい？－期待効用最大原理／両方の箱を取ったほうがいい？－優越戦略／やっぱり箱Bだけがいい？－くり返し型ニューカム実験／「囚人のジレンマ」の思考実験

／もし時間をさかのぼって影響するなら－遡及因果
Column カルヴィニストの勤勉　195

実験 File 12　4枚カード問題とヘンペルの室内鳥類学　197
法則が成り立つ例よりも成り立たない例がたいせつ⁉

ウェイソンの「4枚カード問題」／論理学で考えてみると／ヘンペルの「室内鳥類学のパラドックス」／「室内鳥類学」はどこがおかしいのか／「すべての○○は△△」を証明するのは難しい

実験 File 13　ケインズの美人投票ゲームと性淘汰　212
みんなが選びそうなものを選ばないと！

まずはダーウィンの進化論から／子どもを産まないほうが自分の遺伝子を残せる⁉／「性淘汰」とは／「美人コンテストゲーム」の思考実験／あまり極端になればストップする－ランナウェイ仮説

PART IV	自然の摂理とミクロの世界に迫る！ 物理学・量子論の思考実験

実験 File 14　マックスウェルの悪魔　224
取り返しがつかないことを元に戻せるか⁉

混ざっていたら意味がない／無から有を生み出したい／幻の永久機関／エネルギーには質の差がある／「マックスウェルの悪魔」の思考実験／「シラード・エンジン」の思考実験／悪魔は忘れるときにエネルギーを消費する／計算することと発熱

実験 File 15　ニュートンのバケツとマッハのバケツ　243
どちらが回っているの⁉

アインシュタイン→マッハ→ニュートン／「ニュートンのバケツ」の思考実験／絶対空間と慣性／「マッハのバケツ」の思考実験／現代物理学では「マッハのバケツ」はどうなったか
Column ガリレオの相対性原理からニュートン力学へ　256

実験 File 16　光速度のパラドックス　　　*259*
アインシュタイン16歳の思考実験から特殊相対性理論へ！

光は遅れてやってくる／「光速度のパラドックス」―光速度で光を追いかければ／「通過する列車上での同時性」の思考実験／「光時計」の思考実験／「空間的距離の相対性」の思考実験／特殊相対性理論の2つの柱

実験 File 17　加速するエレベーター　　　*273*
加速度と重力は同じなんだ！

自由落下する瓦職人／自由落下するエレベーター／無重力空間で加速するエレベーター／重力によって光も曲がる／一般相対性理論

実験 File 18　ハイゼンベルクのγ線顕微鏡　　　*282*
量子力学の不確定性がもつ本当の意味とは!?

誤解され続けてきた不確定性原理／「ハイゼンベルクのγ線顕微鏡」の思考実験／位置と運動量を同時に観測するのではない／技術者の実践的応用が基礎的・哲学的議論を切り開いた
Column アインシュタイン-ド・ブロイの関係式　*295*

実験 File 19　シュレディンガーの猫とウィグナーの友人　　　*297*
生きているのでも死んでいるのでもないとはどういうこと!?

ミクロとマクロは違っていてもいいのか！／「シュレディンガーの猫」の思考実験／二重構造のままでいいのか―量子力学の観測理論／どこまで行っても断絶したまま？―観測者の無限後退／「ウィグナーの友人」の思考実験／「猫」は偉大だった！
Column 波動関数　*313*

実験 File 20　EPRのパラドックスとベルの不等式　　　*319*
量子力学は不完全なのか!?

われ月見ず、されど月あり？／量子力学は不完全か？―アインシュタイン v.s. ボーア／EPRのパラドックス／アインシュタイン敗れる？―ベルの不等式／マーミンの思考実験／思考実験から現実の実験へ
文庫化に際して：思考実験を実際に実験したことにノーベル賞が

おわりに ～あなたも思考実験してみよう！～　　　　　　　　　　　*339*
まずは浮気の思考実験から…／根源を問い直せ！／相対性理論が覆される？／タイムトラベルの思考実験にチャレンジ！／思考実験のアリーナは彩り豊か／あなたも大胆に思考実験してみよう！

文庫版へのあとがき　　　　　　　　　　　　　　　　　　　　*352*

もっと知りたい人のためのブックガイド　　　　　　　　　　　*361*

INDEX（思考実験・人名・用語）　　　　　　　　　　　　　　*366*

はじめに

そもそも思考実験とは何か？

　「思考実験」とは何なのでしょう．実験といえば，仰々しい装置，複雑な方程式，計算能力が必要などというイメージが浮かぶことでしょう．しかし，思考実験は違います．思考実験は，さまざまな分野で行われる理論構築や仮説検証の手段ですが，文字どおり頭の中の推論だけで実験の代わりをしようとする方法ですから，特別な装置も専門知識も必要ありません．そのため，誰でも参加できる親しみやすさがあり，バリエーションもたいへん豊富です．

　思考実験は19世紀末に物理学者であり哲学者でもある

思考実験は頭の中が実験室

エルンスト・マッハがその重要性を指摘したといわれていますが、それよりずっと以前から多くの思考者によって，特に意識されずに行われていた手段でした．たとえば**「ガリレオの連結物体の落下」「ニュートンのバケツ」「デカルトの夢論法」「アインシュタインの落下するエレベーター」**などなど．誰もが知っている天才が，思考実験を用いて相手の説を退けたり，革新的理論の礎石を見いだしてきたのです．彼らは誰かのまねをしたわけではなく，これが流行りの手法だから使ったわけでもありません．

　思考実験というスタイルそのものが注目されるようになったのは，20世紀半ば近くになってからです．科学史という学問が確立したことによって，過去の思考実験の科学理論構築上の重要性や論理性，思考実験によって確立された説の説得性などが吟味されるようになり，一般にもよく使われる言葉となったのです．思考実験は，もともとは，物理学，哲学などに関する理論や予測などについて用いられることが多かったのですが，何も物理学，哲学に限られるものではないので，それ以外のたとえば，倫理学，心理学，経済学，人工知能，心の哲学，進化論，計算機科学……などさまざまな分野で行われます．

　さて，それでは，なぜ思考実験をするのでしょうか．

思考実験の必要性——なぜ実際にやらないのか？

まず，実際に実験をしない理由について考えてみましょう．それぞれの理由に該当する本文中の思考実験も例として示しておきました．

❶ 実際に実験することは技術的に困難であるから

物理学の思考実験は，この理由によって行われることが多いです．量子力学の基礎に関する思考実験は，問題にする理論が扱う状況がミクロの世界であり，超精密測定や極限までノイズを減らさなくてはならないなどの要請を満たすことができないので，「もしものすごく進んだ技術ができて，そのような制御や測定ができるようになったとしたら」どのような結果になるであろうかを考えるのです．

こういう理由の思考実験は，技術の進歩によって，実際に実験できるようになることがままあります．実際に量子力学の基礎的な概念についての思考実験は，20世紀の第四半世紀ごろから次々と実際の実験が実現しています．たとえば重力場中での時計の遅れであるとか，不確定性関係限界近くでの定量的測定，量子力学的非局所性の検証などです．

「ハイゼンベルクのγ線顕微鏡」「EPRのパラドックス」「ベルの不等式」「マックスウェルの悪魔」「光速度のパラド

ックス」などは，当時は実行することが困難だからという理由で思考実験が行われたといえます．

❷ 実際に実験でき，すでに証明済みなのに納得しない相手を説き伏せるために

たとえば，ガリレオ・ガリレイが行った**「連結物体の落下の思考実験」**は，物体の落下速度は，落下する物体の重さに依存しないことを証明するためのものでした．実際に重い物も軽い物も同じ速さで落下するということの証拠を見せつけられても，誤差の範囲だとか条件が違うとか特殊事例にすぎないなどといって納得しない人たちに対して，ガリレオは，実際の実験の証拠によらずに誤りを認めさせたのです．

相手を思考実験の世界に誘い込んで，その思考実験の世界でのルールを納得させたうえで相手自身に思考実験させるのです．そうすれば，相手は自分自身でやってみて結果が出ているのですから，納得しないわけにはいきません．ガリレオはこのやり口を芝居仕立ての対話形式でとても巧妙に遂行しました．説得力を極限まで増大させるための思考実験です．

❸ 原理的に実際に行うことができないから

たとえば，宇宙全体を回転させるなどということは，技

術がいかに進歩したとしてもできないですね．また，ある行為を果てしなく繰り返していかなければならないというのも，人間には実行できません．

　この分類には**「マッハのバケツ」「ゼノンのパラドックス」**などの思考実験が該当します．

❹ 実際の実験も行えるが倫理的に問題があって許されないから

「トロッコ問題」「臓器くじ」「マリーの部屋」「シュレディンガーの猫」などは，実際に誰を殺すかという究極の選択や，非人道的行為などを遂行しなくては結論が出ない状況を考察します．そんなことを実際に行ったら大問題ですから，実際にする代わりとして思考実験で済ますのです．ただし**「シュレディンガーの猫」**は実行しようと思えばできますから，②の部類というべきかもしれません．

❺ ある概念についての考え方を浮き彫りにするために

　道徳や倫理の「……すべきである」というような命題には，正解があるわけではありません．文化によって善悪が逆転していることもあります．神の命令をもちだすのでもなければ，どちらが善いとはいい切れないことが多いでしょう．

　そのような分野の議論をするときには，実際にわれわれ

が選択する行動の意味をよく考えてみる必要があります．そして互いに矛盾する選択肢を推奨するような行動原理，倫理的判断基準があった場合，善悪という次元ではなく，一貫性があるかどうかを検討することがたいせつです．また，ある行動原理の下で一貫した選択をしていても，奇妙な判断になることがあるというような事例が発見されるなら，そのとき採用した行動原理自身の問題点もはっきりしてくるでしょう．

倫理の問題のほかに，「確率という世界の見方についての感じ方」「論証するときの癖」などといった問題の思考実験も同じ部類に入るでしょう．

「トロッコ問題」「臓器くじ」「転送機問題」「3 囚人問題」「宇宙のファイン・チューニング」「眠り姫問題」「ニューカム問題」「囚人のジレンマ」「4 枚カード問題」「ヘンペルの室内鳥類学」 などがその例です．

❻ 理論を建設していくための指導原理を探るために

ある仮説の下に打ち立てられた理論から，細かい計算や長い推論の連鎖を経て結論を導き出し，その結果を現実の現象と比べてみて観測事実と合わなかったらまた修正した理論をつくってまた計算してみて……というような調子では，基礎的な理論を建設するのは難しいです．

そこで，重要な基本を押さえておいて，その基本的構想

から大筋どっちの方向に行くのだろうかという検討を，細かいこと抜きに実行することが求められる場合があります．目の前の現実とぴったりではなかったとしても，大筋合っているのであれば，基本として取り上げたことは妥当であるとして，理論の細部建築にかかり，その理論で詳細な計算をしてみるのです．この過程で重要な，「大筋合っているか」を頭の中でやってみるのがこのタイプの思考実験です．

「ニュートンのバケツ」「落下するエレベーター」「光速度のパラドックス」「ハイゼンベルクのγ線顕微鏡」はじめ，物理学関係の思考実験はこのタイプが多いのです．

❼ 何かがおかしいという状況を作ってみせる

「EPRのパラドックス」は，量子力学に満足のいかないアインシュタインが，あるべき物理理論の姿と矛盾する状況を思考実験で作り出して見せたものです．このように，対立する理論の間で，相手陣営の困難を引き出す手段として思考実験が用いられることも多いのです．**「チューリング・テスト」「中国人の部屋」「マリーの部屋」**にもこういう面があります．

思考実験の特徴――単純で極端なのがいい

以上のような理由で行われる思考実験ですが,最初にお話ししたとおり,思考実験は本来親しみやすいものです.その分野のエキスパートでなければわからないようではだめです.単純明快じゃなければ威力がありません.つまりこういうことです.

❶ 単純な設定にする.そして難しい推論や計算はしない

直前に述べたように,思考実験では考察したい現象を細部まで再現した設定は採用しません.付属的な要素はできるだけ排除して,本質のみを考察したいからです.難しい議論や計算なしでも本質的なことはわかるはずですし,またそうでなければ本質ではないでしょう.

❷ 極限状態を設定する

エリザベス1世時代の法律家,哲学者フランシス・ベーコンに源をもつといわれる考えですが,科学は自然を「拷問」にかけて法則性とか本質を見ようとする行為です.「拷問」とは,あえて,自然状態にはないような人為的に極端な条件で実験し,反応を見るという意味です.そうすることによって対象の本質が見えてくるというわけです.

たとえば,磁性体の研究をするときには,われわれの身

の回りではあり得ないような超高磁場の下で実験を行い，いろいろな測定をすることにより，普通の状態での磁気的性質も含めた磁気的反応のメカニズムを探ったりします．これは自然科学の実験だけの特徴ではありません．倫理学や哲学での思考実験でも同様です．思考実験でこそ自由に極限状態が作れるのです．

　宇宙的規模で大きいバケツであるとか，いくらでも高い精度で測定を行ってそれをもとに将来の動きを計算できる悪魔であるとか，生まれてから一度も色彩を見せないで育てるとか……．特に，ある変数の値が無限に大きくなったら……，ということが取り上げられることがよくあります．

　また，**「水槽の中の脳」**は，世界についての知識は疑わしいのではないかという議論ですが，そんなことまで疑っ

思考実験ならどんな非現実的な設定にもできる

て……と言いたくなるような状況を思考実験で作り，それをクリアしてもさらに極端な状況を，といったように疑いをどんどん拡大していくのです．

　実際にそこまで完全に条件を整えるのは無理だろう，だから思考実験とはいえ，そんな設定では現実の状況とは乖離してしまうのではないだろうか，というような心配はひとまず忘れて，本質を探るのです．

❸ **パラメーターや設定を自在に変えられる**

　「トロッコ問題」「臓器くじ」の思考実験では，設定をいろいろと変えてみて，登場人物がどう行動を変えるかを観察します．その分析からあなたの倫理の基準は何なのか……というようなことを判別するのです．

　思考実験はどれも設定を自由自在に変えられる，という性質を用いているといえるでしょう．なかでも特にその特徴を有効に使っているものがあります．たとえば，人格が同じであることの基準を扱う**「転送機問題」**，知性があるとは，意味を理解しているとは，ということの基準を問う**「チューリング・テスト」「中国語の部屋」**などはその例でしょう．

思考実験のやり方
―― アリーナ，プレーヤー，そしてルール

　思考実験の特徴がつかめましたね．次は，どう実践するのかです．

　まず想像上のアリーナを設定し，そこにプレーヤーたちを登場させます．
アリーナの条件，登場者の行動や反応はどうなのか，登場者相互の関係などを設定します．検証しようとする理論に従ったゲームのルールを規定して，「さあゲームはじめ」です．そして，プレーヤーがどうふるまうかを頭の中で観察するのです．ゲームのルールはその思考実験によって証明したい法則であったり，逆に反駁したい主張であったりします．

　量子力学の基礎的概念をめぐる，物理学史に名高い「アインシュタイン - ボーア論争」もそうした丁丁発止の応酬でした．ちなみに，この対決は，現場の物理学の発展のなかにうやむやに立ち消えたように見えましたが，20世紀終わりごろになってから，先端技術にとって実は基本的に重要な問題を含んでいたということがわかってきています．

シミュレーションとの違い
——理論そのものを問え！

さて最後にもう一つ．実際に実験をせずに他の方法で済ますというと，「シミュレーション」ということが思いつきますが，これはまったく別物です．

シミュレーションは計算機実験ともいいますが，コンピュータに実際の実験を代行させるという点では，思考実験と似ています．

元来は，シミュレーションといえば，実際に縮小した模型をつくって実験してみることが主でした．現在の主流はみなさんご存じのとおり，経済の状態をさまざまな経済指標の条件から経済学説に従って計算してみるとか，地球温暖化や海面上昇をスーパーコンピュータで予測してみるというようなものです．台風の進路の予測もそうですね．飛行機を設計するときには，流体力学の法則に従って翼の周りの空気の流れを計算して揚力を導き出してみますし，電気工学では電磁波の伝播の様子を計算してみることもあります．

物質の性質を研究するときにも，シミュレーションは行われます．電子工学のデバイスを設計するとき，物理学の基礎原理から計算を行って設計するのが困難な場合など，現象論的な法則から電子の動きをモンテカルロ・シミュレ

ーション（乱数を使って確率的に予測すること）を行って議論する場合があります．

　それとは逆に，化学などでは物理学の基礎法則から直接にコンピュータ任せで力ずくで計算をさせて，物質の性質を予言することもあります．

　シミュレーションと思考実験．実際に実験することが困難だから，代わりのものでやってみるということではどちらも同じです．そして，その代わりとなるものがコンピュータなのか，それとも頭の中なのか，違いはそれだけなのでしょうか．そうではありません．

　シミュレーションはできあがっている理論を用いて，コンピュータによる精密な計算で現象の予測をするのです．ところが思考実験では逆に，大まかな推論だけで理論や仮説の得失を判定するのですから，精密な計算なんてしません．理論のほうを吟味するのが目的なのです．

※

　そんなわけで歴史上名高い思考実験をいろいろな分野から集めてみました．分類はされていますが，順番は特にありませんので，どうかお好きなところから楽しんでください．

PART I

頭の中だからこそできる！
これぞ真骨頂の思考実験

思考実験の基本方法は，現物実験のそれと同様，変化法である．いろいろな要因を連続的に変化させてみることによって，その要因と結びついている表象の妥当する範囲が拡張される．当の要因を変化させたり特殊化したりすることによって，表象を変化させ，特殊化していっそう確定的なものにする．

エルンスト・マッハ
「思考実験について」1920,『認識の分析』（法政大学，1971・2002）に収録

実験 File 01 トロッコ問題と臓器くじ

1人を助けるか5人を助けるか!?

死ぬか殺すかの究極の選択

　1884年，イギリス船籍のミニョネット号はオーストラリアに向かう喜望峰沖公海上で難破しました．4名の乗組員が救命ボートで漂流し，18日目には食料が底をつきました．そこで，「くじ」で誰か1人を選んで，その死体の人肉を食料にしようと提案がされました．提案は取り上げられなかったのですが，その2日後，家族もなく衰弱しきっていた少年を他の船員が殺害し，残りの3人で食料にして生き延びました．24日目に救助され，帰国すると裁判にかけられました．食人をしなければ，残りの3人もみな死んでいただろうとか，少年は衰弱しきっていたなどと議論はされましたが，死刑判決が出ました．結局はヴィクトリア女王の特赦で禁固6ヵ月となりました．これは「ミニョネット号事件」という実話です．

　このような食人事件は20世紀にも何度も起こっています．1972年のウルグアイ空軍機アンデス山中遭難事件は，

ブラジル映画『アンデスの聖餐』をはじめ，何度も映画化されました．

この状況は古くから議論されています．古代ギリシャの哲学者カルネアデス（B.C.214〜129）が出した「カルネアデスの船板」という問題もそうです．難破船から脱出して板切れにつかまりながら漂流している人が，その板切れにつかまろうと寄ってきた別の漂流者を蹴り落としたが，裁判で許された，という話です．板切れに2人がつかまれば，2人とも死んでしまうのです．

この問題を考える思考実験があります．アメリカの政治哲学者マイケル・サンデル（1953〜）の講義がTV放映され知れわたった「トロッコ問題」です．

「トロッコ問題」の思考実験

サンデル講義（『これから正義の話をしよう』，2010）で「路面電車問題」として有名になりましたが，もともとこれはイギリスの女性倫理学者，フィリッパ・フット（1920〜2010）が1967年に提示した思考実験です．

Thought Experiment

あなたは鉄道のポイント切り替え係である．トロッコが猛速度で暴走してきた．止めることは不可能な状況だ．見ると線路には5人の作業員がいるではないか．このま

までは5人は全員死んでしまう．あなたは，ポイントを切り替えて列車を引き込み線に導けば，5人は助かることに気づいた．しかしなんと運が悪いことだろう．引き込み線にも1人作業員がいるではないか！

あなたは，5人の命と1人の命を比較して，5人を助けるためにポイントを切り替えるだろうか，それともこのまま放置するだろうか？

5人を助けたいが1人が犠牲になってしまう

多くの人は，引き込み線にトロッコを導いて，1人の命を犠牲にすることを選ぶと答えるのではないでしょうか．
「人間の快楽や幸福は計量化でき，他人の快楽や幸福と

比較・換算ができる．そして社会全体の幸福の総和を最大化するような選択をすべきだ」と考えるのが，イギリスの法哲学者ジェレミ・ベンサム（1748〜1832）に始まる功利主義です．「最大多数の最大幸福」をめざします．

「トロッコ問題」で，それぞれの作業員が死ぬことによって，作業員自身やその家族，さらには社会全体の幸福度の低下に特段の差が認められないのなら，単純に1：5の命の比重の問題ということになりますから，ポイントを切り替えて引き込み線の1人に犠牲になってもらうべきでしょう．

でも死なないはずだった1人を殺すことについてはどう感じるでしょう．放置しておけば本線にそのままトロッコは入ってきます．本線の5人の作業員はもともと死ぬ運命だったのです．それをあえて切り替えて，本来死ぬはずでなかった人の運命を変える，という心理上の大きな抵抗の山を乗り越えなくてはなりません．あなたはその運命を変える力をもっていますが，別の1人の命を奪うことになります．たとえ功利主義的な判断をしたとしても，それを実際に行使し，ポイントを切り替えるのは恐ろしいことでしょう．

「トロッコ問題」のバリエーション

ここで、実験の設定を少し変えてみましょう。

Thought Experiment

> トロッコが暴走してきた。行く手には作業員が5人いて、このままでは全員死んでしまう。こんどは、引き込み線はない。そして、あなたは線路をまたぐ陸橋の上にいる。そばには、線路をのぞき込んでいる大男がいる。その男をトロッコの上に突き落とせば、トロッコは停止する。さあ、あなたはその男を突き落とすだろうか?
>
> ただし、あなたが線路に飛び降りてもあなたの体格ではトロッコは止まらないことがわかっている。

この設定では、あなたは、あえて自分から関わろうとしなければ、当事者ではなくて通りすがりの傍観者ですね。当然ながら大男も事故には無関係の傍観者です。サンデルをはじめ、この問題を取り上げた論者は、幸福計算の命の比率は1:5のままなのに、男を突き落とすのはよくないことだと感じるだろうと言います。サンデル講義でも学生はそう答えていたようです。

この、橋の上から突き落とすという思考実験では、死ななくてよいはずの人を、たとえ多数を救うためにとはいえ、あえて行為を起こして殺すのです。功利主義の示す結果と

1人を突き落としてでも5人を助けるべきか

しての「最大多数の最大幸福」という点では,もとの思考実験と同じなのに,どうして意見が異なってくるのでしょうか.それは,殺される側に関する幸福度事情の差ではなくて,選択をする側の人間の感情の違いによるのです.

行為をしないことで人が死んでしまうのと,どんな理由があろうと能動的に人を殺すことに関与するのでは大違いでしょう.事態の進行を放置して死すべき運命の5人が死んでしまうのはしかたがない.一方,自分が起こさなくてもすむ行為をした結果で1人を殺すのは,何のためであっても抵抗がある,という感覚でしょう.

最初の「トロッコ問題」でも，本線上の5人を殺すのは消極的殺人ですが，引き込み線の1人を殺すのは積極的殺人だといえます．

何が正義なのか

この点を鮮明にするために，フットは次のような思考実験も考えました．

・・*Thought Experiment*

> 村人が，あるよそ者をリンチにかけようとして騒いでいる．あなたは罪人とされているよそ者をかくまっており，実際にはそのよそ者は無実だと知っている．しかし，その意見を村人たちはまったく聞き入れない．彼を村人たちに差し出せば，彼は確実に殺されるが，もしかくまい続けると，5人の村人が混乱の中で死んでしまうのは確実だった．
>
> さて，あなたは彼を差し出すだろうか？

無実の者，関係のない者を犠牲者にすることはまちがっていると確信している人がほとんどでしょう．

18世紀の大哲学者イマヌエル・カント（1724〜1804）は，「……のために，これこれのことをすべきだ」というのを仮言命法，条件なしに「これこれのことをすべきだ」

というのを定言命法とよびました．この思考実験で，「無実の人を差し出して殺させない」というのは定言命法にあてはまるでしょう．橋から男を突き落とす「トロッコ問題」の場合でも，どんな理由があるのかは知らないけれど，とにかくそのできごとと無関係な人を巻き込んで死なせてはいけないということが優先されるのはこれにあたります．

　結果的により多くの人命が失われ，功利主義的には最適の結果ではなくなってしまったとしても，とにかく積極的に無実の人を死に追いやってはならないということです．つまり，無実の人を殺すという行為自体の正義が問われるわけです．

「臓器くじ」の思考実験

　ミニョネット号事件では，最初はくじ引きで犠牲になる者を選ぼうとしました．くじ引きという「公平な」手続きをふめば，ある程度は抵抗感が少なくなるのでしょうか．くじ引きという論点も含んだ思考実験に「臓器くじ」というのがあります．倫理学者ジョン・ハリスの提出した思考実験です．

32　I　頭の中だからこそできる！―これぞ真骨頂の思考実験

Thought Experiment

　ある社会では次のような制度がある．社会全体の健全な肉体をもつ者のなかからくじ引きで1人に死んでもらい，その臓器を切り取って，別々の致命的な病気をもった5人に移植して5人の命を助けるというものである．あなたは，この制度についてどう思うか？

くじ引きならば犠牲になっても文句を言えないか

　くじに当たった者を殺すのは積極的殺人であるのに，臓器移植を待っている患者を死なせるのは消極的殺人です．
　ただし，このように，犠牲者を選ぶ過程が，公平なくじ

であったり，民主的な決定であったりすれば，身代わり犠牲者を選出すること（積極的殺人）の抵抗感は減るかもしれません．おそらく，この「臓器くじ」の制度が制定されようとしたら，多くの人は反対することでしょう．しかし，犠牲者を選ぶ過程がもっと巧妙にしくまれていたり，多大な効果があるようにうまく宣伝されたりしたら，もしかすると……

この問題は，社会のあり方に関する「最大多数の最大幸福」の功利主義的政策の問題点を問うものです．設定の詳細の変更やそれに対して予想される社会の反応について多くの考察がされています．

あなたは何を基準に判断しているか

「トロッコ問題」のバリエーションは，どれもほとんど同じように見えますが，思考実験の設定を微妙に変えるだけで，判断する人の反応がまったく逆になったりもします．それによって，ある道徳倫理について「どういうことを判断基準にしているか」とか「その判断基準は首尾一貫しているか」などを鮮明に浮かび上がらせてくれる役割を果たしているのです．

こうした思考実験は，哲学だけにとどまらず，行動経済学や進化倫理学，進化心理学などの分野での研究課題にも

なっています．行動経済学では，昔からよく取り上げられる話題ではありましたが，サンデルの講義では哲学の思考実験の典型のように取り上げられました．それはともかく，一般人の関心を集めるという功績はあったと思います．

「野戦病院での薬の配分」を考えてみよう

　もう一つ，臓器くじのバリエーションを考えてみましょう．災害時や戦闘中などの野戦病院などでは，医薬品や医療リソースをどう配分するかについて，平常時と違った判断基準となることがあり得ます．患者が複数いて緊急救命の手が回りきらないとき，患者を選別して助けることにならざるを得ません．これを「トリアージ」といいます．平等にとか，すべての患者を救うというのではなく，救える可能性のある患者でも断念し，救命リソースを優先度の高いほかの人に回すこともあるのです．

Thought Experiment

　ここに 1 人の患者 A と，A 以外の 5 人の患者がいる．全員激痛に苦しんでいる．患者 A は将官で，A のもとには後方基地より鎮痛剤が送られてきた．その鎮痛剤を A に投与すれば 1 日中彼は苦しまないですむ．しかし，同室の 5 人の患者は，患者 A とは体質が異なり，1/5 の量で 1 日中苦しまないで済む．

あなたは医師である．Ａの薬を取り上げて，５人の患者に投与するか．本部の命令を遵守するか，どちらだろうか？　それとも，Ａの薬を 2/3 取り上げてＡには少し苦痛を我慢してもらい，５人の患者のうち２人を選んで投与するだろうか？

　今までの議論をふまえて，設定をいろいろと変えてみて，あなたの判断基準が何なのかを考えてみてください．

Conclusion

　究極の選択を迫って，あなた自身も気づいていない本音をえぐり出す思考実験．この章で取り上げたものでは，そのターゲットは，功利主義的判断についてでした．

　人の幸福や不幸の度合いは数量化できるのか．仮にできるなら，別々の人間の不幸の度合いを比較したり加え合わせたりできるのか．社会の幸福とは何か．そして，相手の幸福に対して，放置することで傍観者として消極的影響しか与えないのか，それとも介入することで積極的な影響を与えるのか．そういったことを問います．

　あなたの中でさえ，ちょっと状況が変わると判断基準が逆転してしまうことに気づくでしょう．さらには，判断基準の首尾一貫性は何よりも優先されるべきか，ということも考えさせてくれます．

実験 File 02 ゼノンのパラドックス

時間・空間は無限に分割できるか⁉

ピュタゴラス教団 vs. ゼノン

　秘密結社という言葉を聞いたことがありますか．日本ではあまりなじみがありませんが，欧米や中国では古くから存在する秘密の団体です．具体的な活動内容こそ表沙汰にされませんが，いろいろな秘密結社が，宗教や政治など多方面に大きく関与し影響を与えてきたといわれています．

　このような秘密結社を，現在の南イタリアにあった古代ギリシャの植民都市クロトンでつくったのが，「ピュタゴラスの定理」や「ピュタゴラス音階」で有名な数学者・哲学者ピュタゴラス（B.C.582〜496）です．このピュタゴラス教団は魂を清めるのに音楽を重視しました．そして，音楽をはじめ宇宙の問題も数の調和に支配されていると考える数秘術を基調とした集団でした．その政治的主張が危険視されて弾圧され，ピュタゴラスは殺され教団は地下に潜りました．当時の様子を探れば探るほど，学者ピュタゴラスのイメージが崩れそうです．たとえばこの教団，そら

豆に対して妙な戒律があり，食べることを禁じていました．そら豆とピュタゴラスにまつわる話は，今でもさまざまな解釈で語り継がれています．また，教団の秘密を外に漏らした弟子を簀巻きにして海に放り込んで殺すという狂信的な一面もありました．

さて，このちょっと危険な教団の，「世界は不連続な『多』からなっている」「世界の始原は自然数である」という思想に異論を唱えたのが，ギリシャの哲学者ゼノン（B.C.490〜430頃）の属する学派でした．

簡単にいうと，ゼノンの主張は，彼の属するエレア派のパルメニデスの思想である「真に存在するのは一者である．その一者は，運動はしないし生成消滅もしない」という考えです．パルメニデスは「あるものはある，ないものはない」と言ったそうで，「無」というものなどないとしました．あるものがなくなることもないし，ないものからあるものが生まれることもない．すると運動ということもない．なぜなら運動するためには，元の位置からなくなって無になり，別の位置に無から生成されなくてはならないからです．

この「運動の不可能性」を論証するために，ゼノンはさまざまなパラドックスを考えたといわれます．その多くは「背理法」によっており，ゼノンは背理法の発明者ともされます．背理法とは，自分の主張したいことをわざと否定した仮定から出発して矛盾を導き，矛盾が発生したのは仮

定がいけなかったからだとする論法です．ゼノンのパラドックスでは，4つの運動のパラドックスが有名ですが，今回は最も有名な「アキレスと亀」を紹介します．

「アキレスと亀」の思考実験

「ウサギと亀」というおとぎ話を知っていますか．ウサギに足がのろいとばかにされた亀は，ウサギに競争を挑みます．俊足のウサギはどんどん先に行き，とうとう亀が見えなくなりました．油断と安心からウサギは少し眠ってしまいました．のろい亀はウサギが眠っている間に着々と歩みを進めました．目を覚ましたウサギが見たものは，ゴールで喜ぶ亀の姿でした．

ゼノンの思考実験は，このような教訓話ではありません．

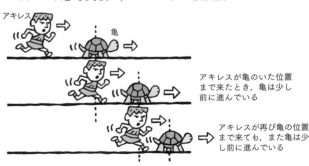

アキレスが亀のいた位置まで来たとき，亀は少し前に進んでいる

アキレスが再び亀の位置まで来ても，また亀は少し前に進んでいる

いつまでたってもアキレスは亀に追いつけないのか

ウサギ役はアキレス，亀役は同じく亀です．両者ともサボったりせず一定の速さで進みます．

Thought Experiment

> 俊足のアキレスと鈍足の亀が競争をする．亀はハンディキャップをもらって，少し進んだ地点からスタートさせてもらうことになった．
>
> いっせいにスタートして，アキレスが亀の出発点に到達したときには，鈍足の亀もわずかではあるが，その前に進んでいる．次にアキレスが，亀がわずかに進んでいる地点に到達したときには，今度も亀はごくわずかかもしれないがさらにその前に進んでいる．このくり返しは際限なく続くので，アキレスはいつまでたっても亀に追いつけない……

「ゼノンのパラドックス」の前提と結論は次のようになっています．

前提：時間空間は無限に分割できる．
　→　論理的結論：アキレスは亀に追いつけない．

この論理的結論は，現実に反していて不条理です．実際には，アキレスは，亀に追いつきそして追い越すことは明らかです．出発のときのハンディキャップと速さの違いか

ら,何秒後に追いつくかもすぐ計算できます.

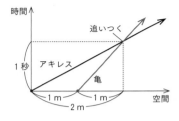

簡単のために,アキレスと亀の速さをそれぞれ毎秒2mと毎秒1mとしましょう.亀はアキレスの前方1mからスタートすることにします.すると,右図のように,1秒後には亀とアキレスは同じ位置にいますね.つまり追いついています.

「アキレスと亀」が背理法だというなら,前提が誤りで,「時間空間は無限に分割できない」ということを,ゼノンは主張したかったのだということになります.

ゼノンは数学的にまちがっていた?

ゼノンのパラドックスの結論は,実際に起きることと異なります.そこで,ゼノンの手順どおりに思考実験をしてみて,論理的推論にまだ隠されている前提はないのかを探ることにしましょう.もしかすると,ゼノンが問題にしたかったことは,時間空間の無限分割ということとは別なのかもしれません.

1647年イエズス会のグレゴリーは「アキレスと亀」について,アキレスが亀に追いつくまでの時間を次のように

して求めています.

> 簡単のために,先ほどと同様にアキレスと亀の速さをそれぞれ毎秒2mと毎秒1mとし,亀はアキレスの前方1mからスタートすることにする.この位置を x_0 とする.アキレスが亀の位置に来るまでには1m移動するわけですから $\frac{1}{2}$ 秒かかる.このとき亀は $\frac{1}{2}$ m先に進んでいる.この位置を x_1 とする.次にアキレスが x_1 まで追いつくには, $\frac{1}{2}$ m進めばいいわけだから, $\frac{1}{4}$ 秒かかる.このとき亀はさらに $\frac{1}{4}$ m先に進んでいる.最初の位置からだと $\frac{1}{2} + \frac{1}{4}$ mの位置である.時間はというと最初のステップで $\frac{1}{2}$ 秒,次のステップでは $\frac{1}{4}$ 秒である.以下同様にくり返すので,n回目には
>
> $$\frac{1}{2} + \frac{1}{4} + \frac{1}{8} + \frac{1}{16} + \cdots\cdots + \frac{1}{2^n}$$
>
> となる.これは等比級数というもので,その無限個の和は1に収束する(どんどん近づいていく).
>
> $$\lim_{n \to \infty} \left(\frac{1}{2} + \frac{1}{4} + \frac{1}{8} + \cdots\cdots + \frac{1}{2^n} \right) = 1$$
>
> したがって,亀がアキレスに追いつかれる位置 x_∞ は最初の亀の位置から1mのところということになる.それにかかる時間は1秒である.その瞬間にアキレスは亀を追い越し,その後はアキレスのほうが先に行く!

このように数学の立場から見れば，ゼノンは単にまちがっているだけだと思えてしまいます．

無限級数には足していくと無限に大きくなってしまうものと，有限なある値にいくらでも近づいていくものがあります．ゼノンはそこをよくわかっていなかったので，ゼロでない正の量を無限回足し算すると無限に大きくなるものだと思っていたのでしょうか．もう少し考えてみましょう．

「アキレスと亀」は本当にパラドックスか？

ゼノンが本当は何が言いたかったのかということについては，いろいろな解釈があります．先に述べたように背理法を意図していたのだとすれば，「時間と空間は無限分割できない」ことを言いたかったことになります．すなわち，無限回の操作をすることが，たとえ頭の中の理想化概念とはいえ正当化できるのだろうか，という問題提起だったということです．ポイントは，ハンディキャップの1mという線分です．その中に無限回の途中経過の点をゼノンが挿入しているのです．

ところで，「パラドックス」というのは，正しそうに見える前提と，妥当に見える推論から，受け入れがたい矛盾した結論が得られることを指します．みなさんは，「ゼノンのパラドックス」はパラドックスだと思いますか．

この「ゼノンのパラドックス」について，古代ギリシャの超有名哲学者アリストテレスはどう言っているでしょうか．彼は「時間と空間は無限に分割できる」と考えていました．そして，「アキレスと亀」は，ゼノンの論証に誤りがあるのであって，パラドックスではないと言います．ゼノンが結論を導く論法は，アキレスが前回に亀がいた位置まで進むという操作を「無限回」くり返しても，まだ亀はアキレスの前方にいるという論法です．これはすなわち，「アキレスが亀を追いかけている過程にある限り，アキレスは追いつけない」とあたりまえのことを言っているにすぎないとアリストテレスは断じました．アキレスが追いかけている過程を取り上げ，それ以外を考えないのは，ゼノンが決めた設定です．実際にはアキレスは，時間的にも空間的にも滑るようにして亀に追いつくのです．

　実際に追いつく時間は1秒という有限の時間です．それなのに，アキレスが，一段階前の亀の位置に来るステップという区切りを人工的に次々と設定することから，難問が始まってしまっているのです．そのような余計な分析をすれば，たしかにいつまでたっても追いつきません．しかし，「いつまでたっても」というのは時間を表すのではありません．手順の回数をいっているだけです．それを混同させているのが，ゼノンのうまいところなのです．

無限とはいったいどういうことだろう

「無限」といっても,いろいろな解釈があります.ピュタゴラス教団のように,有限の長さの線分には,同時並列的に「無限個」の点が並んでいる.すなわち線分は無限個の点からできている集合である,という見方もあります.この見方を「実無限」の立場といいます.最小単位としての点を認める立場です.

その反対に,「アキレスと亀」の思考実験のような無限を「可能無限」といいます.ハンディキャップの1mという線分上に,亀が前回いた位置はどこか,という操作で点を切り出します.点は線分の切り口なのです.するとその点は,次々の操作によっていくらでも1mの線分上から切り出されて果てしがありません.アリストテレスはこの

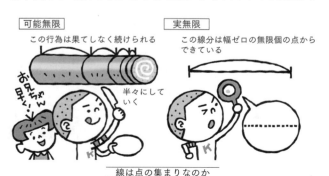

線は点の集まりなのか

立場です．

そして，アリストテレスに批判されたゼノンも，時間に最小単位はないと考えていましたから，無限の意味についてはピュタゴラス教団の実無限の立場とは異なります．

ゼノンのパラドックスは，2500年前にすでに無限というパンドラの箱を開いていたのです．19世紀にドイツの数学者ゲオルク・カントール（1845〜1918）の「無限集合論」が出てくるまで，人類はどうも可能無限のほうで無限を理解していたようですが，無限集合論をきっかけに，20世紀にかけて，無限についてのさまざまな矛盾が発見

「量子ゼノン効果」は「番犬効果」ともいわれる

されて,「数学の危機」という事態に発展しました.数学基礎論という分野が生まれ,「ゲーデルの不完全性定理」にまでつながっていきます.

現代のわれわれは微積分教育のせいか,線分には最初から無限個の点が詰まっているという実無限的な見方をしている人が多いように見えます.

ところで,20世紀末の物理学では「量子ゼノン効果」という現象が理論的に予測されて,実際に観測されています.ある条件を満たす量子力学的な系では,その系の状態が時間がたつにつれだんだん別の状態に崩壊していくというような場合に,頻繁に観測をすると崩壊が起こりにくくなる,という現象です.究極的には,無限に頻繁に観測すれば崩壊しなくなります.「見ていると変化できない」という現象ですので「番犬効果」ともいわれています.思考実験ではなく,実際に物理的現象として起こるのです.

直接に「ゼノンのパラドックス」と関係しているわけではありませんが,同じように,無限についての見方を反省させる材料だといえるのではないでしょうか.

Conclusion

ゼノンのパラドックスというと,「どこがパラドックスなのかわからない」,「単なるまちがいではないのか」などという声が聞こえてきそうです.現代人から見ると,無限の和が有限になるというのはさして不思議ではなく,アキレスが亀に特定の時刻に追いつくのは明らかです.古代人は無限に足していくと必ず無限に大きくなるとしか考えられなかったのか……,それで終わりにはできません.

ゼノンが「運動の否定」を論じたもともとの趣旨であった,パルメニデスの「『無』はない」というテーゼは,ギリシャ時代に始まる原子論によって打ち破られたように見えます.なぜなら原子論は原子の間の空虚(無)を前提としていますから.しかし,現代物理学は真空も物理的性質に満ちていると考えますから,「『無』はない」が復活したともいえるでしょう.

ゼノンのパラドックスは,無限についての見方に関する,現代まで続く問題提起だったわけです.

ベルヌーイのサンクトペテルブルクの賭け

「サンクトペテルブルクの賭け」として知られる思考実験をご存じですか?

偏りのないコインを次々に投げて行う賭けに参加するかどうか,あなたは問われています.そのルールは次のとおりです.

あなたは表が出たら賞金がもらえます.その金額は1回目に表が出たら1万円で,そこで賭けは終わり.2回目に初めて表が出たら2万円で,そこで賭けは終わり.3回目に初めて表が出たら4万円…….n回目に初めて表が出

この賭けにどれくらい期待してよいものか

たら 2^{n-1} 万円もらえてそこで賭けは終わりです．この賭けに参加するには参加費がいります．あなたは，参加費としていくら払えますか．

9回立て続けに裏で，10回目に初めて表が出たら，あなたは512万円もらえます．20回目だとしたら50億4288万円です．30回目だと5兆円を超えます．一方，そのような事態が起こる確率を考えると，10回目に初めて表が出る確率は $\frac{1}{512}$ = 0.019531 ……，20回目だと $\frac{1}{524288}$ = 0.000001982 ……です．

n回目に初めて表が出る確率と，そのときもらえる金額の積は（期待値といいます），どの場合も $\frac{1}{2}$ 万円になります．すると1回目で勝つ場合，2回目で勝つ場合，3回目で勝つ場合，……をすべて考慮すると，

$$\frac{1}{2} + \frac{1}{2} + \frac{1}{2} + \cdots\cdots$$

となりますから，無限大です．この賭けを1回すると，平均的にいえば∞円もらえるというのですから，参加費はいくら高くても見合うということになります．果たして本当でしょうか．

実際は，$\frac{1}{2}$ の確率で1万円，$\frac{1}{4}$ の確率で2万円，$\frac{1}{8}$ の確率で4万円，$\frac{1}{16}$ の確率で8万円……もらえるわけです．計算すると512万円以上もらえる確率は $\frac{1}{1024}$ ですから，

そんなに割の良い賭けではないように思えませんか．どうしてこのような食い違いが生じるのでしょう．

現実的に考えれば，胴元の資金も賭博者の寿命も有限ですから，サンクトペテルブルクの賭けを大もうけになるまで続けることはできません．つまり，コインを投げることができる回数は有限回に制限され，いくらでもコイン投げを続けられるわけではありません．無限に続けられるという仮定がまちがっているといえます．

しかし，ダニエル・ベルヌーイ（1700〜1782）はこのような現実的な解答ではなくて，「効用」の概念を使って，このパラドックスに解答を与えました．「効用」とは経済学の概念ですが，ある財のもつうれしさ，有用さ，満足度というようなことを計量化したものです．ある同じ種類の財が増えていくとき，人の感じる効用は財の量に比例して増えていくのではなく頭打ちになってきます．「限界効用逓減の法則」といいます．サンクトペテルブルクの賭けで，受け取れる金額の期待値を計算すると無限大になりますが，金額の代わりに「効用」の期待値を計算すると，有限の値になることをベルヌーイは示したのです．

効用を対数関数 log x で表現してみましょう．対数関数は，x が増えていってもだんだんその増加が少なくなる関

数です．サンクトペテルブルクの賭けでもらえる金額 x の代わりに，x 円もらったときの効用 log x を考えると，無限に足していっても，効用の和は有限にとどまるのです．

実験 File 03　ガリレオの思考実験

相手の主張を取り入れる
ふりをしてやっつけろ！

　思考実験といえば必ず登場するイタリアの超有名物理学者・天文学者ガリレオ・ガリレイ（1564〜1642）．彼はなぜそんなに人気があるのでしょう．彼の思考実験はほかの思考実験と何が異なるのでしょう．

　この本で取り上げる思考実験のほとんどは，実際に実験するのが困難であったり，あとになってようやく実験にこぎ着けることができたものだったりと，想像力頼みのまさに思考実験そのものです．ところが，ガリレオの場合は，頭の中だけでなく実際に実験を行ったり，実は容易に実験ができるものだったりします．それらをとても個性的な文章表現で発表しているのです．

　ガリレオが擁護する地動説は，当時のローマ法王庁にとっては異端でした．法王庁はアリストテレスの宇宙観にもとづく天動説を採用していたのです．ガリレオは，実験を見ても納得しそうにない聖職者たちを説得できるように思考実験を用いたのです．では，まず，ガリレオが批判して

いるアリストテレスの考えとはどのようなものだったか見てみましょう.

重い物ほど速く落ちる!?——アリストテレスの自然学

　身の回りの日常で物体はどう運動しているでしょうか. 物は下に落ちる. 床に滑らせた物は減速していってやがては止まる. 自転車を一定の速さで進ませるためには, 常にこいでいなくてはならない. 軽くてスカスカなものに比べて, みっしり重いものはズドンと落ちる.

　このような身近に観察される物体の運動を大まかにいえばよくとらえているのが, 古代ギリシャ最大の哲学者といわれるアリストテレス（B.C.384 〜 322）の自然学です. 西洋の中世の自然観は, アリストテレスの自然学と聖書にある世界創造の記述を折衷したようなものでした. アリストテレスは, 世界帝国を築いたアレクサンドロス大王の養育係をしたことでも有名ですが, その業績は, 論理学, 倫理学, 政治学以外にも, 動物学・植物学から天文学・気象学, 物理学にまでわたります.

　彼の運動学は現在の知識からすれば誤っていますが, 日常生活で経験される事象にはうまく合うものでした. たとえば次のようなものです.

- 月より上の天上界では星は円運動をする．
- 地上では，物体にはそれぞれ本来いる場所があり，物体はそこに戻ろうと直線運動する．
- それに逆らった運動をさせるためには，接触して力を加えることが必要である．
- 運動を続けさせるためには絶えず力を加え続けなければならない．
- 投げた物体が運動を続けられるのは，その運動物体の前面にある空気が後ろに回り込んで物体を押すためである．
- 重い物体のほうが軽い物体よりも速く落下する．
- 落下速度がだんだん早くなるのは，本来いるべき所に達して運動を完成させるための内的要求が大きくなるからである．

アリストテレスの考えた自然はこんな感じ

そして，日常を超えている宇宙については，天界と地上界を分けたうえで，天上界は地球が中心になっていて，その周りを同心円状に月，太陽，惑星が取り囲み，円運動をしているとしていました．また，その構成物質も地上界とは異なっているとしました．

宇宙の成り立ちなどの問題は，一般の人の生活に直接影響するわけではありません．アリストテレスの自然学が説明する天文現象も，ここがおかしくて日常生活に困るじゃないかなどといわれることはありませんでした．しかしそれは，現代の物理学で学ぶ，慣性の法則であるとか，重力の下での真空中の物体の運動であるとかとはずいぶんと異なっていますね．

現代物理学の立場では，力が加わらず摩擦や抵抗のない理想的な状況では，物体は等速直線運動をいつまでも続けます．しかし，そのような運動は，日常生活では決して観察されない事態です．現代物理学で記述される運動は，極限的な理想化された世界でのみ観察されうることなのです．

しかし，惑星の動きの観察などから，アリストテレスの自然観にもとづいたプトレマイオスの天動説ではうまくいかないことが出てきました．実は，古くは，古代ギリシャの天文学者アリスタルコス（B.C.310〜230頃）が地動説を採っていましたが，それは受け入れられることはありませんでしたので，1543年にコペルニクスが，「天球回転

論」として，あくまで惑星の運動を計算するための計算上の便法として地動説を打ち出したのが近代地動説の始まりです．その後，ティコ・ブラーエの天文観測データを使ったケプラーの法則の発見（1619 年）が続き，ニュートンの法則の発見につながります．これらのできごとを，歴史上最大の科学的な革命として固有名詞の「科学革命」とよびます．

　ガリレオはこの「科学革命」の中心的人物でしたが，地動説を擁護したため異端審問にかけられ軟禁状態になり，それは死ぬまで解かれませんでした．当時の科学は宗教の顔色を伺っていなければならなかったのです．

　ところがつい最近の 1992 年，ローマ法王ヨハネ・パウロ 2 世がこのガリレオ裁判はまちがっていたと謝罪し，ガリレオの名誉は 400 年近くたって回復されたのですから驚きです．深い歴史を感じさせる話ですね．

　さて話を元に戻しましょう．ガリレオは軟禁状態のなかで 1632 年に「天文対話」，1638 年に「新科学対話」を発表し，「帰謬法」を多用した思考実験でアリストテレス主義者の主張に反論しています．「帰謬法」とは，相手の主張を正しいと認めるふりをして相手の論理に沿った議論をしながら，相手の主張に矛盾を発生させて誤りを論証する，というちょっと皮肉な表現法です．それではそのなかの代表的ないくつかを見てみましょう．

「連結物体の落下」の思考実験

アリストテレスによれば，重い物体のほうが軽い物体より速く落下します．同じ媒質中での落下であれば，重さに比例した速度で落ちます．また，同じ重さの物体が異なる媒質中を落下するときには，落下速度はその媒質の抵抗に反比例するとされます．

ガリレオは，もし本当にアリストテレスの言うとおりだったら，落下現象はどうなるだろうかという思考実験をしてみせました．

思考実験に登場するのは重さの違う2つの物体です．ルールはアリストテレスの落下の法則です．追加的な議論は省いて核心部分を見てみましょう．

Thought Experiment

重い物体と軽い物体を，重さのない理想的なひもで連結して落下させたらどうなるか考えてみる．重い物体から見れば，その落下は，重い物体より遅く落ちる軽い物体に引き止められて，単独のときより遅くなるだろう．一方，軽い物体から見れば，速く落ちる重い物体に引きずられて単独のときより速い速度で落ちていくだろう．したがって，2つの物体を連結したものは，それぞれの元々の速度の中間の速度で落ちることになる．

ところで、2つの物体を連結している部分をだんだんしっかりさせていったらどうなるか。しまいには軽重2つの物体は一体となり、その重さは元の軽重2つの物体を合わせた重さと同じということになるだろう。当然その重さは、元の重いほうの物体の重さより重い。そうすると、単独の重い物体よりも速く落ちるということになってしまい、最初の結果と矛盾するではないか！

連結物体の落下に関する上の2つの結論は矛盾していますね。連結物体の速度は、元の重い物体の速度より遅くて、かつ速いということになったわけですから。ということは、アリストテレスの落下の法則は誤りであるというこ

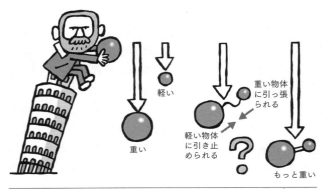

「連結物体の落下」がアリストテレスの言うとおりなら矛盾が生じる

とが論証されたわけです．真空中では，物体は重さにかかわらず同じ速度で落下しなければならないのです．

　もともとガリレオは，アリストテレスの運動学がまちがっていることを論証したかったのですが，あえて，アリストテレスの運動学が仮に正しいとしたのです．そうして矛盾が発生したのですから，矛盾を発生させる原因であるアリストテレスの主張が正しくなかったということになるのです．論理学でいう「対偶証明法」になっています（p.124参照）．

「媒体の抵抗」の思考実験

　次は，ガリレオが巧妙な語り口によって切り分け，後回しにしていた媒体による抵抗の問題を見てみましょう．アリストテレスによれば，同じ物体が異なる媒質中を落下するときの速さは，その抵抗に反比例するというのでした．その前提の下でガリレオが行った思考実験です．

Thought Experiment

　異なる媒質というのを，空気と水だとしよう．その抵抗の比を仮に 1 対 10 とする．空気中で木の玉は 10 の速度で落ちるとする．すると，水中では 1 の速さで沈むことになる．しかし，木球は沈むどころか浮いてしまうではないか．

さらにもっと難点がある．水の中で速度 1 で沈む金属球を用意する．もちろん，この金属球は木球より重い．なにしろ木球は浮いてしまうのに，金属球は沈むのだから．

さて，この金属球を空気中に取り出してみると抵抗は $\frac{1}{10}$ になるわけだから，空気中の落下速度は 10 になる．となると，木球も金属球も空気中では同じ 10 の速度で落下することになる．しかし，金属球のほうが重いので，重い球のほうが速く落下するはずだったのではなかったか．これは矛盾である！

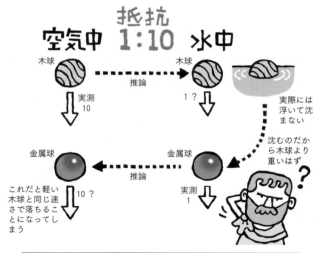

「媒体の抵抗」もまたアリストテレスに従うと矛盾してしまう

こうしてガリレオは，媒質の抵抗と落下速度の関係についてもアリストテレス主義者を打ち負かしました．

相手の矛盾を突いて自分の主張を通す

これらのガリレオの論証に反論はできないのでしょうか．実は，ガリレオの思考実験には論理の飛躍があったりします．

アリストテレスの運動理論でも抵抗の効果は考慮されています．それなのに，ガリレオの連結物体の落下の思考実験はそのことを切り離した，よくいえば理想化した状況での思考実験をしているのです．しかし，どうして抵抗の効果を切り離してよいかの説明はあまりなされてはいません

もちろんガリレオは，抵抗を考慮しない思考実験のあとで，ちゃんと媒体中での落下にも言及し議論しています．そのように，別々のやり方で見事に相手を説得しましたが，現代物理学のようにそれらを総合して体系化するというところまでは行きませんでした．

ガリレオの目的はアリストテレス主義者を自滅させることにあったのですから，もともと非精密な法則である相手陣営に対し，細かい条件や別々の効果をいろいろ複合的に考察する必要はないのです．極限の理想化された設定に現象を切り分けて調べるという近代科学のやり口の元祖だと

いえます．相手の主張を採用するふりをして調子に乗らせて，自分の言ったことで引っ込みがつかない状況にして自滅させるのです．そのためには，ガリレオの著作に見られる三文芝居のような対話形式での自説主張は非常に効果的であったといえるでしょう．

ガリレオは自身の著作中で，アリストテレス主義者が「論点先取」をしているという非難をしますが，ガリレオ自身も「連結物体の落下の思考実験」で論点先取をしているといわれることがあります．ここで論点先取とは，証明したいことを前提の中で仮定してしまっている循環論法であることをいいます．

ガリレオは，実際には重い物体も軽い物体も同じ速さで落ちるということを知っていて，それをもとにして説得する線で議論を組み立てているので論点先取だというのです．でも結論を先に知っていて議論をしているといっても，論理的には論点先取ではありません．あくまでもガリレオは帰謬法によって，当時でも半ば当然と思われていた事がらを，アリストテレス主義者という頑迷な人を説得する手段として思考実験を組み立てたのです．その構成，語り口こそがたいせつだったのです．

Conclusion

　証拠を見せつけても納得してくれない相手．「それは例外だから証拠にならない」だとか，「証拠の出所が疑わしい」だとか，「対立する別の証拠がある」だとか……，次から次へと難癖をつけてくる相手をどう説得したらよいでしょう．

　アリストテレスの運動学は，身の回りでふつうに見られる物体の運動についてなら，ガリレオの説よりも説得力があるように見えました．そのため，アリストテレス主義者はガリレオの考えに反するように見える証拠を出してきて，ガリレオ側の証拠をまともに取り上げようとはしません．そこで，ガリレオは，証拠にはよらないで，相手の説の矛盾を相手自身に発見させるという手法で，自説を納得させようとしました．このようなとき，ロジックだけではなくレトリックが大切になってくるのですが，ガリレオはその点でも優れていたといえるでしょう．

PART II

人間と世界の存在を根底から問う！
哲学・世界観の思考実験

おそらく百年前にも誰かがこの場所に座り，君と同様に敬虔なそしてもの悲しい気持ちを秘めて，暮れなずむ万年雪の山頂を眺めていただろう．……はたして彼は君と違う誰かほかのものであったのだろうか．彼は君自身，すなわち君の自我ではなかったのか……なぜ君の兄は君ではなく，君は従兄弟のひとりではないのか．

エルヴィン・シュレディンガー
「道を求めて」1926 執筆・1961 出版，
『我が世界観』（筑摩 2002）に収録

実験 File 04
転送機問題

瞬間移動したあなたは
元のあなたと同一人物か!?

「どこでもドア」の難問

　アニメ『ドラえもん』には，どんな所へも瞬時に移動できる「どこでもドア」という道具が登場します．『スタートレック』というアメリカのTVシリーズでも，人間が宇宙船にある転送機に入ると，瞬時に遠隔地の惑星にある転送機から出てきて瞬間移動することができていました．こんなふうに瞬時にどこにでも移動できるというのは誰もが抱く夢なのでしょう．

　ただ，SF映画に出てくるこのような瞬間移動は，同じ物体を移動させているわけではないようです．FAXに置き換えてみるとわかりやすいと思います．FAXは紙そのものを遠隔地に届けるわけでは決してなく，画像をスキャンして送信し遠隔地で再現しているにすぎません．つまり，人物が瞬間移動する場合，同一人物が移動しているのではなく，転送先でまったく同じ人物を新たに作っているわけで

す．でもそうすると人物が2人に増えてしまいます．もし1人にしようとすると，元の人物を消去しなくてはいけません．さあどうしましょう……

実は，このような遠隔転送装置の思考実験は，「人格の同一性」の問題を考えるうえで非常に有用なのです．たとえば，クローン人間ができたとき，それは元々のその人と同じだといえるのでしょうか．また，クローン人間ができたことによって個人の権利や義務などはどうなるのでしょうか．というような問題です．

何をもって同一人物だというのか

まずは，転送機問題の思考実験を詳しく見ていく準備として，人格が同一であるという基準はどう考えられてきたかを整理してみましょう．

一つの考え方として，物体としての身体が同じであるならば同一であるという考えがあります．これを「身体説（物理的連続説）」といいます．しかし，人体では人工臓器や臓器移植によって部品が取り替えられてしまうことがあります．また，分子レベルでいえば，代謝により1年程度で人体を構成する分子はほとんどすべて別の分子に替わってしまいます．それでも，ふつう私たちは同じ人物だと考えますが，身体説からいえば，同一とはいいにくいでしょ

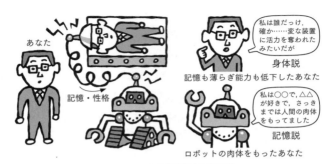

どちらが「あなた」なのか

う．もし，人体を単なる機械と考え，脳こそが「こころ」の宿る物体だと考えても，脳の分子も入れ替わってしまうことに変わりありません．

もう一つの考え方に，その人の記憶が同一であれば同じ人格であるという考え方がありえます．これを人格の同一性についての「記憶説（心理的連続説）」といいます．記憶さえ同じなら，記憶するシステムは，自分の脳以外の脳や，極論としてはコンピュータのような機械であってもかまいません．しかし，もし脳が病気になれば，情報が破壊されて記憶も変わってしまうでしょう．その場合，どの程度までが元の人格と同一だといえるのかという問題が起こります．

パーフィット「転送機」の思考実験 ①

　転送機の思考実験の話に戻りましょう．転送機の思考実験は哲学者のダニエル・デネット（『マインズ・アイ』，1981年）やデレク・パーフィット（『理由と人格』，1984年）が取り上げたのが最初のようですが，さらに早く，バーナード・ウィリアムズは1973年に「2人の人物の脳の交換」という形で人格の同一性を扱っています．ウィリアムズの提出した問題は，「病気で脳が機能しなくなる前にコンピュータに記憶を移したら，脳死した肉体と，コンピュータのどちらがあなたなのか」というものです．2人の人物の記憶を交換したら，身体説ではあくまでも肉体が基準ですから，記憶や性格がおかしくなってしまったということになりますし，記憶説では肉体が入れ替わってしまったということになります．どちらの説を信じるかで，何を人格の本性と考えるかが違ってきます．

　「転送機の思考実験」も同じ問題を投げかけますが，設定を微妙に変えることができます．先ほどFAXにおきかえて見たように，瞬間移動をすると人物が2人になってしまいますが，パーフィットは，「技術的制限によって，転送元の人物は消去されてしまう」という設定にしました．その思考実験の中身は次のようなものです．

> 　私は転送機の中に入る．ボタンを押すと，私は意識を失い，そして目を覚ますが，ほんの一瞬のことと感じるだろう．
>
> 　装置は私の身体に関するすべての細胞情報をスキャンし記録しながら，細胞を破壊していく．その情報は別の惑星に電波で伝えられる．別の惑星の装置はこの情報にもとづき，私の身体の完全な複製をつくる．別の惑星で目覚めた私は地球でボタンを押す瞬間までの記憶をもっている．だから，私が瞬時に地球から別の惑星に移動したのだと考えられるだろう．なぜなら，地球にいた私と別の惑星で生成された私は記憶がまったく同じであり，心理的な連続性が保たれているからであるからである．そして，地球にいた私はもういない……

　ここでは，記憶説によって人格が同一性だと判断されています．身体的に見ても，物質として連続こそしていませんが，分子レベルまでまったく同じ身体構造をもっています．社会や家族の立場から見れば，「別の惑星の新しい人物は地球にいた元の私と同じである」と考えることができそうですので，これで何も問題がないように思えます．しかし，転送される当事者の立場に立ってみましょう．装置に入って気を失ったあなたは，そのすぐ後に殺されてしま

って，そこで終わってしまうのではないでしょうか．となると，別の惑星の人物は複製に過ぎず，あなたとは同一ではないといえます．

パーフィット「転送機」の思考実験 ②

第2段として，パーフィットは上の思考実験の設定を少し変更したバージョンを提出します．

Thought Experiment

> 転送機が改良されて，新しいスキャナーは身体を破壊せずに身体の情報をスキャンできるようになった．したがって，別の惑星と地球にまったく同じ身体と情報をもった人物がいることになる……

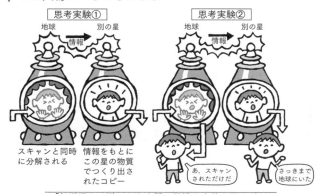

「転送機」で送られた人間は記憶も肉体も同じだが

この思考実験では，人物が2人残ります．記憶説の観点から考えると，2人は，転送直後には同じ人物です．このように同一の人物が2人とも残ると，社会はどちらを正当な権利の持ち主と認定するか，あるいは犯罪の責任をどちらにとらせるのかなど，法律的にたいへん難しい問題が生じます．また，何より家族が困るでしょう．別々の2人に対して，たとえ記憶と肉体が一緒だったとしても愛情や一体感をもつことなどできるのでしょうか．

　だったらいっそ転送元の人物は消去したほうが楽なのかもしれません．が，はたしてこのような問題回避は適切でしょうか．2人は，身体説的に見るとまったく同じ身体をもっていますが，地球の人物は物質として連続しているのに対し，別の惑星の人物は新たに生成されたのですから，地球の人物のほうに後継者としての正当性があるともいえそうです．仮に，転送先の惑星で，何かの事情で複製の生成を取りやめたとしても，地球ではそれはあずかり知れないことです．もし生成が取りやめになっていたら，地球の人物はスキャンされただけで，当然その本人であり続けるからです．それなのに，転送された後に，地球に残った転送元の人物を消去してしまうということは……

　また，一方を消去するということは，転送直後なら複製を消すだけですみますが，時間が経過した後ですと，別々の人生を歩んだ2つの人格の一方を殺すことになります．

地球と別の惑星の2人は,転送機を出た後の経験が異なるため,時間の経過とともに別々の人格になっていくからです.ちなみに,その2人が宇宙旅行の結果,出会ってしまうというSFもよくあります.

難病治療のためなら冷凍保存されてもかまわないか

このように,「転送機の思考実験」を通して,人格の同一性の問題を考えていくと,さまざまな見方があることがわかります.ふつう,われわれは人格の同一性の基準について,身体説と記憶説を場合や状況に応じて使い分けているようです.

では,最後に,次のようなケースを考えてみましょう.

Thought Experiment

> あなたは難病に侵され,余命あと1ヵ月だとする.転送機に入ると,あなたは消去されてしまうが,別の惑星にあなたとまったく同じ記憶や感情や肉体をもった人物が生成され,さらには医学の発達したその惑星であなたの不治の病も簡単に治してくれるのだとしたら…….あなたはこの提案を受け入れるか?

この提案にどう答えられるかで,あなた自身,人格の同一性についてどう感じているのかがわかるでしょう.

74　Ⅱ　人間と世界の存在を根底から問う！―哲学・世界観の思考実験

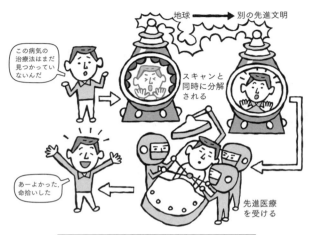

これであなたの病気が治ったことになるか

　治療不可能な難病者を冷凍保存して，治療法が発見された未来に解凍するというのもこれに関連した問題になります．極端な話をすれば，毎日，夜眠って翌朝起きるというのも，睡眠の前後のあなたは同一人物かと聞かれれば悩ましくなります．もしかすると，起きるたびにすべての記憶とともに再生されているのかもしれません．それは自分では確かめようがありません．

　転送機の思考実験は，その直接の結果として何かが証明されるとか，論争に決着がつくという種類のものではありません．しかしいまだに決着のついていない，「人格の同

一性は何を基準にしたらよいのか」という問いについて，設定を少しずつ変えながら，こういう設定にするとどの説が納得できるかというように，実感しながら検討できるという役割を果たしています．身体説と記憶説，そしてそれ以外の説も含めて人格の本性は何かを考えるための，格好の道具なのです．

Conclusion

他人の視点から見た人格の同一性の基準とは何か，ということもたいせつな問題です．記憶も意識も完全なコピー人間ができたとき，どちらに正統な権利・義務・責任を付与するのかという倫理学的な議論は，次のようなことを問うています．「社会生活が安定して営まれるためには，オリジナルとコピーのどちらのほうにその人を感じるべきか」，「他者の人格という概念はどう機能しているのか」，「人格の記憶説と身体説のどちらが妥当であるか」……

しかし，転送機の思考実験はそれ以上の問題を提起しています．それは転送されるあなた自身にとってあなたは誰なのか，そして，あなたにとってあなたのコピーは誰なのかという超難問です．それは，転送機という特殊な場面ではなく，ごく日常の，睡眠と覚醒の間の意識と

> 人格の連続という場面にもあてはまるのかもしれません．
> そうであったかもしれない可能世界でのあなたのコピーを，あなたがどう感じるかということは，確率の解釈とか量子力学の解釈の問題ともからんできます．

文庫化に際して：マインドアップローディングが議論される時代に

　クリストファー・ノーラン監督映画『プレステージ』は，過去の因縁から競い合って死闘を演じつづける2人のマジシャンの物語ですが，これはまさに転送機問題の思考実験そのものを，俳優が実演してみせている映像作品でした．ヒュー・ジャックマン，クリスチャン・ベール，マイケル・ケイン，スカーレット・ヨハンソン，デヴィッド・ボウイ出演の豪華作品．科学者テスラと発明王エジソンの確執もからませたものでした．

　2人のマジシャンそれぞれの瞬間移動マジックのトリックなのですが，片方は日常の私生活や自身の怪我まで犠牲にした双子トリックです．もう一方は，これが転送機問題なのですが，天才テスラが発明した（実際には発明していません）転送機を使ったものなのです．

　舞台上のマジシャンがカーテンに隠れ，気合いを入れると，カーテンの中には誰もいない．ところが観客席最後列に，そのマジシャンが瞬間移動して現れている，というも

のです．これは不完全な転送機を使ったトリックです．不完全だとこの実験 File での思考実験②のように，コピーができて2人に分かれてしまいます．転送で観客席後方にマジシャンを移動させ，同時にそのコピーがカーテンの中に残って直ちに床下の大きな水槽に落ちて死んでしまいます．ですからカーテンの中には何もいなくなっているわけです．これは実験 File04 でのスキャンした後に瞬時に消去するはずが失敗してコピーができたという設定と同じです．

このマジックは好評で何回も上演されたため，水槽の中には何体もコピーの死体が浮かんでいます．マジシャンは（彼は何回もの二者択一の結果，毎回生き残ったただ1人なのですが）「あの水槽の中に浮いているのが自分だったかもしれない」というのです．これは私とは何かという問を，作品中のマジシャンに自分の身を引き寄せさせて，その恐怖と疑問を体感させる，優れた思考実験でした．

さて，未来学者のレイ・カーツワイルは，2005年の著書で，「2045年問題」を提起しました．その頃には人工知能が人間の能力を超える「シンギュラリティ」が来るというもので，機械に人間の精神を転送するというマインド・アップローディング（精神転送）が実現するだろうと語られています．特に2010年以降，例えばSF映画だと『トランセンデンス』や『チャッピー』など沢山の作品が生まれ，あちこちでマインド・アップローディングという言葉が聞

かれるようになっただけでなく，大学の広報文書や国の研究計画書などでも取り上げられています．

　機械の肉体に自分をアップロードさせて，第2の人生を楽しもう，であるとか，アップロードされることによって私は永遠の生命を得られるのだ……などという言説が聞かれます．カーツワイルなどはシンギュラリティのときに永遠の生命を得られるのは1940年代生まれ以降の人だとして，それに当てはまる彼は，その時まで健康に生きられるようにサプリを沢山飲んでいるそうです．

　ここで思考実験に立ち戻りましょう．マインド・アップローディングによって，コンピュータ上に，〈私〉と同じ記憶，性癖，知的能力を持つ何者かが，生まれるでしょう．それは，「さっきまで自分は，有機体の肉体に閉じ込められていた」などと思っているでしょう．そしてそれは永遠に生きつづけるのかもしれません．

　本文では取り上げませんでしたが，古くからある分離脳の思考実験を用いたマインドアップローディング技術の提案があります．分離脳とは，以前，難治性てんかんの治療として行われたことのある脳梁離断手術で現実に産み出されていた，左脳と右脳が分断されている脳の状態のことです．この状態の脳に対して，現実に，人間の思考，認識，記憶などについての研究がなされてきました．またFile04の「転送機問題」人格の同一性問題についての思考実験の

アリーナとしても用いられました．さて，その技術の提案とは，次の通り．まず分離脳を作る．次に右脳を（左脳は言語脳であるのでそこにこそ人格が宿っていると考えてそれは残して）取り出し，その代わりにコンピュータに接続（または機械脳に置き換えて）します．運動などの基本的機能は前もって，教え込んでおきます．左脳と機械脳が接続された状態で，徐々に，その人の人格部分の情報を左脳から機械脳にアップロードしていくという話です．ここの徐々にという部分は，File04のコラム「テセウスの船」と同様ですね．

このように段々置き換え（段々破壊し）ていく方式だと判断が難しいですが，元の肉体と脳は非破壊だとすると，元の肉体にいる精神は自分そっくりのコピーがコンピュータ上にできたなと思うだけで，いずれは死んでしまうわけです．もしかしたら，自分の知的能力や知識，そして思想，感性が，コンピュータ上で永遠に生きつづけて人類に役立っていけると感じられ，それならば自分はいつか死んでしまってもいいと思うでしょうか．直前の難病治療の思考実験とよく似た設定ですね．

このような話題が日常的になった今こそ，パーフィットの転送機問題を自分でいろいろと改変してみて，考察をめぐらせてみてください．

テセウスの船

　ギリシャ神話で英雄テセウスが乗った船は，ずっと保存されていたが，腐った部材はそのつど取り替えられた．長い間に，元の部材はまったくなくなっていたという．このとき現在の船はテセウスの乗った船といってよいのだろうか．部品をどこまで替えてしまうまでは元の船といえるのか．

　また取り外した古い部材を集めて，もう一つの船を組み立てたら，新旧どっちの船がテセウスの船だろうか．

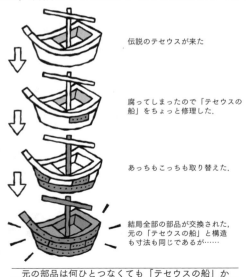

伝説のテセウスが来た

腐ってしまったので「テセウスの船」をちょっと修理した．

あっちもこっちも取り替えた．

結局全部の部品が交換された，元の「テセウスの船」と構造も寸法も同じであるが……

元の部品は何ひとつなくても「テセウスの船」か

実験 File 05
マリーの部屋と哲学的ゾンビ

クオリアとは何か!?

「コウモリであるとはどのようなことか」の思考実験

　ユーゴスラビア生まれのアメリカの政治哲学者・心の哲学者トマス・ネーゲル（1937 〜）は，「コウモリであるとはどのようなことか」という思考実験を，1979 年に同名の論文で用いました．それは，意識の哲学に関するものでした．その主旨は，もし「意識」のしくみを物理的・生理学的に完全に理解したとしても，実際にどういう感じかということは取りこぼされてしまうというものです．「物理主義」によれば，心も物質の状態だけから説明されなければなりませんが，その考え方に対抗しようとした一つの方法です．

Thought Experiment

　コウモリは単なるよくできた飛ぶ機械ではなく，コウモリなりの外界についての体験，感覚というものをもっているはずだ．コウモリはほとんど目が見えないが，潜水艦のソナーのように，高周波の鳴き声を出して音響位

置決定法によって外界の様子を知覚している．それは，われわれが視覚で行っているのと同様に，対象の大きさ，形，動き，感触を正確に識別でき，明らかに知覚の一形態である．

しかしソナーによる感覚は，われわれのもつどの感覚器官のものにも似ていない．われわれには，その感覚を体験することはもちろん，想像することですらできないのではないか．

自分の体験から想像してみようにも，腕に膜があり，昼間は屋根裏部屋で逆さまにぶら下がり，夜になるとその辺を飛び回り，口で虫を捕らえる．目はほとんど見えず，外界を音響位置決定法で知覚する．このようなコウモリがどんな世界を感じて生きているのかはわからないのではないか？

仮に，ある人が，コウモリの神経回路を研究しつくし，障害物に接近したときコウモリの脳がどう反応するかも解明し，コウモリの飛翔や生活についても完全な知識をもっているとしましょう．そのような人でも，コウモリにとってコウモリであることがどういう感じであるか，どういう世界を感じながら生きているのかを知ることはできないと思われます．物理科学的・神経生理学的な構造や機能をいくら研究しても，「コウモリであるということ」をわかる

ことはできないという主張です．

クオリアとは何か

　自分がコウモリである感じや，コウモリとしての世界の感触を問題にしたのが「コウモリであるとはどのようなことか」という思考実験でした．もっと一般に，赤いバラの「赤い」という感じ，ガラスを爪でこすったときに出る音の嫌な感じ，あなたの歯の痛みの感じ，梅干しの酸っぱい感じ，ブランコをこいだときの爽快な感じ，ビロードをなでたときの感じ，そういった感じのことを「クオリア（感覚質）」といいます．

　視神経を伝わるのは電気化学的な信号です．それが脳に伝わって，脳の中の神経回路の興奮パターンとなり，たとえば青い物を見れば，青のクオリアが生じます．手をつねられると，痛み物質が脳まで移動するのではなく，やはり神経を電気化学的信号が伝わって，痛みを感じます．

　でも，他人が歯が痛いというとき，その痛みの感じが自分の歯が痛いときと同じかどうかということはわかりません．あくまでもその人その人の内面的体験の感じであって，ほかの人にわかるものではありませんし，また言葉で記述できるものでもありません．クオリアとはそのようなものなのです．

心について考えるときの考え方に、「物理主義」あるいは「唯物論」というものがあります．世界は物質だけで説明できるという考え方です．当然，心も物質の機能（実際には脳の状態にともなって生じる何か）であって，心の世界が物質世界と別にあるのではない，という立場をとります．その立場で第一に困るのは，このクオリアをどう説明するかです．「コウモリであるとはどういうことか」の思考実験も，そこから物理主義を批判しているわけです．物理主義に立つなら，物質の性質やふるまいについてのすべての知識が得られれば，心についてもわかるということになります．だから，それを批判するには，物質，生理学などの知識があってもわからないことがある例を出せばよいというわけです．

「クオリアの逆転」の思考実験

　ところで，「クオリアの私秘性」についての思考実験で，次のようなおもしろいものがあります．

Thought Experiment

　私とあなたは2人とも色盲ではないとしよう．私たちは，色彩に関してつじつまの合ったまったく同じ反応をする．青いほうの色鉛筆を取れと誰かに言われれば，2

人ともまちがえずに青鉛筆を選ぶ．赤いバラを見て2人とも「燃えるような赤だね」などと言い合える．横断歩道で信号が青にならなければ，あなたも私も歩き出さない．しかし，あなたと私で，同じ物理的な刺激としての色彩についての内的体験，つまりクオリアが違っているということは考えられないか．

あなたが赤いバラを見て「赤い」と言うときに感じている感じは，もしかすると，私が森を見て「緑色だ」と言うときの感じと同じかもしれない．反対に，あなたが森を見て「緑色だ」と言うときの感じが，私にとってはバラの色の感じかもしれない．つまり，クオリアの逆転である．

私もあなたも同じ「赤い」バラを見て，同じ物理的な波長の光を目で受け取っている．そのときに私は，あなたの感覚では「緑色」を感じているが，それを「赤いバラだね．血の色と同じだね」と言い表す．一方，あなたも「赤いバラだね．血の色と同じだね」と言う．同じ物理的刺激に同じ反応をしているわけだから，クオリアの逆転が現実にあったとしても，そのことを実証することはできないであろう！

この「クオリアの逆転」の思考実験を提唱したのは「中国語の部屋」の章にも出てくる哲学者ジョン・サール

つじつまは合っているが2人のクオリアは違っている

(1932〜)です．彼がこの思考実験によって批判したのは「機能主義」でした．機能主義は「行動主義」と似た考えですが，それとは違いがあります．行動主義とは，外的刺激と行動などの反応との関係性だけを見て，外から観察できる要素だけで心の研究をしようとする立場です．行動主義は心の状態への言及はしないのですが，機能主義では，心の状態はある行動を起こさせる機能を担ったソフトウェアのようなものであるとします．

機能主義的にいえば，「私は信号が青いのを見た」というときの私の内的経験と，「私は信号が青いのを見た」というときの他人の内的経験は，同じ内的経験であるとしなくてはなりません．もしクオリアが逆転していて，他人は実は私にとって黄色のクオリアを体験して「青い」と言っ

ていたとしても，私と同じ行動をさせるのですから，同じになるのです．しかし，その場合2人のクオリアは違っていて，別々の内的体験がされているのですから，サールは，機能主義はまちがっていると言います．

クオリアの逆転ではなく，「クオリアの欠如」という事態も，「哲学的ゾンビ」としてよく議論となります．それについては，本章の最後に紹介します．

「マリーの部屋」の思考実験

さて，元の話に戻りましょう．オーストラリアの哲学者フランク・ジャクソン（1943～）は「コウモリであるとはどのようなことか」を改良した，「マリーの部屋」という思考実験（1982）で物理主義を批判しました．ジャクソンの議論を「知識論法」といいます．

コウモリについての思考実験ですと，いくら擬人化して考えたくても無理があります．コウモリは単に外界の環境条件やそれまでの履歴などに応じて反応しているだけかもしれません．コウモリに内面的な意識体験があるかないかは，実際には不明というしかないでしょう．しかし，コウモリを人間に置き換えれば，変わってきます．人間が意識体験とクオリアをもつことはほぼ明らかですから．そのように人間で考えてみたのが「マリーの部屋」です．どんな

思考実験なのか見てみましょう．

> マリーは生まれたときからずっとモノクロームの部屋に閉じ込められて育てられてきた．彼女は一度も色を見たことがない．そして白黒ＴＶだけを通して，部屋の外とやりとりすることが許されている．
>
> 彼女は視覚の神経生理学を専攻していて，視覚に関するあらゆる情報を学習し理解している．だから，色彩について，物理学的な波長と色の関係だけでなく，網膜から視神経，脳の視覚野といった生理学的なこと，そして色彩について人がどう反応し発言するのかということまで，知識として完全にわかっている．
>
> さて，そんなマリーがあるとき，マリーの部屋から解放され，生まれて初めて青や赤の色を見たときに，彼女は世界についての何か新しい情報を得るであろうか？

ジャクソンは，マリーは色について完全な知識をもっているのにもかかわらず，新しい情報を得ると主張します．マリーは，部屋を出る前から，空を見ると人々は「青い」と発言することも知っています．また，その「青い」という性質が海の「色」と同じであることも知っています．しかし，彼女は青いという感覚，すなわちクオリアを生まれて初めて体験するからです．

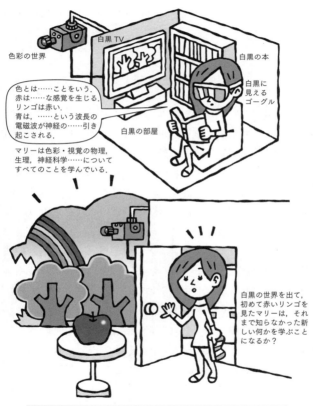

「マリーの部屋」を出たマリーは何か新しい情報を得るか

マリーは，実際に初めて色を体験したときに，色のクオリアという物理主義ではあり得ないはずの新しい情報を得たわけです．

「哲学的ゾンビ」の思考実験

数学出身で心の哲学を研究するオーストラリアの哲学者デイヴィッド・チャルマース（1966〜）は，「ゾンビ論法」といわれる論法で，物理主義を批判しました．ちなみに彼は1994年のアリゾナ州ツーソンでの「意識の科学に向かっての国際会議」で「意識のハードプロブレム（意識に関する難問）」という言葉を初めて用い，それを定着させた提唱者としても有名です．

彼によれば，脳の物理学的・化学的機構と精神活動の関係を扱う問題を「イージープロブレム」，それに対して，どのようにして物理的存在である脳から意識というものが生まれるのかという心脳問題，特にクオリアの問題を扱うことを「意識のハードプロブレム」とよびました．それを受けて，ティム・ロバーツは，「意識の超難問（the harder problem of consciousness）」(1998)というよび名で，「かけがえのない《わたくし》とはなんだろうか」という問題を挙げています．

チャルマースは，「マリーの部屋」から知識という部分

を取り除き,「哲学的ゾンビ」という単純化された思考実験によって物理主義批判を行いました.

Thought Experiment

「哲学的ゾンビ」とは「肉体をはじめ脳の神経細胞の状態まで,物理的に測定可能なすべて,およびその行動も普通の人間と区別できないが,内面的経験すなわちクオリアを欠いているもの」をいう.ゾンビとは,もともとはハイチ島やアメリカ南部の民間信仰であるヴードゥー教で信じられている,ヴードゥーの司祭の手で死体が甦らされたものである(ホラー映画によく出てくる).SFに登場する,精巧に作られて外面的な行動では人間と区別できないアンドロイドといったものは,行動的ゾンビである.哲学的ゾンビという場合は,もっと人間に近くて,解剖学的に人間と同一の構造をもち,脳の神経細胞のすべてまでも同じで,物理的な方法では人間とまったく区別がつかないものをいう.記憶し,推論したり,怒ったり悲しんだり,まったく人間と区別がつかない.ただ,クオリアといった内面的経験をもたない点だけが違うのである.

人間には,意識,感覚体験,クオリアがある.一方,物理的にはわれわれの世界とまったく同じで外から見てもまったく区別できないながら,クオリアなどを欠いた世界,すなわち「哲学的ゾンビ」だけがいる世界(ゾンビワールド)を想像することが可能である.

われわれの現実世界には，私自身にも他者にも意識という現象があるわけである．その現実世界から，意識やクオリアだけが欠けたのがゾンビワールドであるが，物理学的に見れば現実世界とゾンビワールドは同じである．したがって，意識やクオリアに関する事がらは，物理学の法則には含まれていないことになる．物理学では意識やクオリアは説明できないのである．

　　それなのに，現実世界には意識とかクオリアとかいうことがあるわけだから，物理学的知見によって現実世界のすべてを説明できるという物理主義の考えはまちがっていることになる！

　これが「ゾンビ論法」の要点です．そして，チャルマースは，物理法則は拡張されなければならないとします．

　しかし，ゾンビ論法は，結局，クオリアとは何なのかという問題に帰着してしまいますね．それこそが，脳における物理的・化学的な過程と心の関係の研究では解けない，「意識のハードプロブレム」といわれる問題なのです.

　そして，それを超えた「意識の超難問」とは，意識とは何か，自分自身を意識するとはどういうことかの先にある，「どうして私の肉体と記憶を持ち，私として社会に認知されている＜私＞だけが私なのだろうか．どうして私は他の誰かではないのだろうか．どうして世界は古代でも未来で

「哲学的ゾンビ」はクオリアをもたないことだけが人間と異なる

もない現在のここにいる私の肉体を通して経験されているのだろうか．他の時代，他の場所，他の肉体の眼球から見えているのではないのだろうか」という問題をいいます．この問題は輪廻転生といった思想や確率観念の問題とも絡むのですが，本当に超難問なのです．

Conclusion

　われわれの先祖には超感覚があった．それは現代人には失われているが，考古学によってその詳細はわかっている．しかし現代のわれわれには実際にその感覚を体験することはできない．ところが，その超感覚があるきっかけで回復された．その超感覚を通して世界は，あなたにとってどう感じられるだろう．

　これは，この章の思考実験で問題にされていることです．超感覚でのクオリアは，超感覚に関するすべての知識によっても到達できないと論ずるのです．また，同じ刺激や状況に対しての他人のクオリアはわからないですし，クオリアをもたない人間もどきを想定することも可能です．このような議論の目的は，心のすべては，物質や物質の状態に還元できるとか，この世には物理的な特性以外には何の知識もあり得ない，という物理主義に対する反論なのでした．

実験 File 06
チューリング・テスト vs. 中国語の部屋

コンピュータは知性をもつことができるか⁉

コンピュータと人間との区別ができるか
——「イライザ」

1966年,アメリカの情報工学者ジョセフ・ワイゼンバウム(1923〜2008)は,会話をするエキスパートシステム「イライザ」を作成しました.心理カウンセラーと精神病患者が対話する様子をまねるもので,イライザは心理カウンセラー役をします.

イライザは非常に簡単なプログラムで,患者が入力した文から重要そうな単語を抜き出し,あるルールに従ってその単語を組み込んだ文を生成します.特にキーになる単語が見つからなければ,あまり意味のない一般的なあいさつやあいづちのような文を返します.あるいは,直前に使った文を単純にくり返します.複雑な文が入力された場合は,「あなたの言うことは難しいですね.もっと易しく言い直してください」などと応答することもできます.

あなた　：こんにちは
イライザ：こんにちは
あなた　：今日は調子いいよ
イライザ：あなたは，今日は調子がいいんですか？
あなた　：いや，体調は治ったけど，親戚に不幸があって気分は暗いよ
イライザ：気分が暗いんですか？
あなた　：あなたはどうなの？
イライザ：私のことはよいですから，あなたのことを話しましょう．…

イライザとの対話はこのような会話です．あなたはイライザが人間だと思うでしょうか．

姿や声や応答速度などで判定されないように，タイプライターで打ち出した文のやりとりのみを使って，実際にイライザで実験してみたところ，イライザが人間のカウンセラーであると誤認してしまう患者や，種明かしされても機械だとは信じられない患者もいたそうです．症状が改善された患者までいたそうです．

このような機械と人間の会話実験は，イライザ以来，数多く行われています．カウンセラーではなく，逆に統合失調症患者のまねをするプログラムを，人間の患者なのかそれとも機械なのか精神科の医師に判定させるという試みも

ありました．このような，コンピュータと人間の区別がつくかどうかということを競う，ロブナー賞人工知能競技会というコンテストも1991年より毎年行われています．そこでは，バラエティに富んだルールが設定され，おもしろい能力が競われているようです．

コンピュータに知能をもたせることを追求するのが「AI（人工知能）」という分野です．では，イライザのようなシステムは知能をもっているといえるのでしょうか．コンピュータが知能や意識をもっているといえるには，どういう条件を満たしたらよいのでしょうか．

コンピュータ科学の開拓者
―― フォン・ノイマンとチューリング

現在のほとんどすべてのデジタルコンピュータは，ノイマン型コンピュータといいます．20世紀を代表する万能数理科学者ジョン・フォン・ノイマン（1903〜1957）にちなんでつけられた名前です．このネーミングからすると，いかにもフォン・ノイマンが発明したように思えますが，本当の開発者はペンシルヴェニア大学の無名の物理学者と電気工学者らでした．このチームがほぼ完成させたにもかかわらず，有名人フォン・ノイマンが最終段階でほんのわずか関わったために2人の無名科学者の名前は歴史から

消え，ノイマンの名のみが一人歩きしているというこぼれ話があります．

さて，ノイマン型コンピュータの抽象的動作モデルは，「チューリング・マシン」（1936）という，どのようなアルゴリズムも計算できる仮想機械の概念にあります．「チューリング・マシン」という名は，第2次世界大戦中ドイツ軍のエニグマ暗号解読にも大活躍した，イギリスの天才数学者アラン・チューリング（1912 ～ 1954）が提案したことにちなんだものです．

エニグマ暗号は解読不能の最強暗号といわれ，1925年の正式採用から第二次世界大戦敗戦までドイツ軍が使い続けました．それを解読したイギリスが解読したことを極秘にしたためです．解読したことを知られないために，時のイギリス首相チャーチルは，エニグマ暗号解読でドイツ軍によるイギリス中西部の都市コベントリーへの爆撃を察知したにもかかわらず，空襲警報を出さず市民を見殺しにしたといわれています．

チューリング自身は戦後，同性愛の罪に問われ，それがもとでホルモン療法を強制されました．さらにスパイ疑惑もかけられ，1954年に41歳の若さで自殺しています．

コンピュータは考えているのか
——「チューリング・テスト」

　チューリングは，人工知能について 1950 年の論文のなかで，機械が知能をもてるかどうかを次のようなテストで判断したらよいのではという提案をしています．これが「チューリング・テスト」とよばれるものです．オリジナルの設定は，女性のふりをする男性と本物の女性というものでしたが，ここでは，今日一般に流布している，直接にコンピュータを登場させている形のほうを紹介します．

Thought Experiment

　判定者となる人間がいる．そして，その判定者から見えないように，ついたての向こうに，コンピュータと人間がいる．ついたての向こうの人間とコンピュータもおたがいに隔離されている．そして，どちらも人間であると判定されるようにふるまう．

　そのような状態で，判定者の人間とついたての向こうのコンピュータ，それから，判定者の人間とついたての向こうの人間が，通常の言語で会話をする．音声の特徴や応答速度などで判定されるのを避けるため，通信はテレタイプ（タイプライターを通信ケーブルで結んだもの）で行う．

判定者がコンピュータと人間の区別がつかなかったら，そのコンピュータはチューリング・テストに合格する．すなわちそのコンピュータは知能をもっているといってよいという判断基準である．

人間と区別できなかったコンピュータは「チューリング・テスト」に合格する

　これは，外から見て，知能があるかのごとく応答するシステムであれば，知能があると見なしてよいという立場ですね．そのシステムが，内面的な立場でどう感じているか（もし「感じ」などというものが存在すればの話ですが）は関係ないというのです．他者の内面は，人間どうしであ

っても知り得ないのですから,できないことを要求すると科学ではなくなってしまうという立場ともいえます.

チューリング・テストの考え方は,関係論的把握の立場に立つ「機能主義」というものです.あるインプットに対して,同じアウトプットを返すなら,そして,その応答のための心的状態をそのシステムなりにハードウェア上のプログラムで実現しているなら,そのシステムを構成するものが脳であろうと機械であろうと同じと見なせるという考え方です(実験 File05 参照).

それに対して,内的な心の状態自身の追求はせずに,インプット―アウトプット分析だけで心の研究はできるというのが「行動主義」です.また,脳という特定のハードウェアだけに心は宿るとするのが「物理主義」です.機能主義は,両者の中間的な立場といえます.

「中国語の部屋」の思考実験

外から見て人間と区別がつかず,チューリング・テストに合格しても,コンピュータが考えているとはいえない,と機能主義に反対するアメリカの言語哲学者ジョン・サール(1932〜)は,「中国語の部屋」という思考実験(1980)で強力な批判を加えました.

Thought Experiment

　あなたは部屋に閉じ込められている．あなたは英語だけしか理解できない．中国語などまったくわからない．その部屋には窓が1つあって，外界との交信は，その窓を通した書面でのやりとりでしかできない．

　さて，部屋の中には中国語の簡単な記号をたくさん入れた箱がある．また，中国語の複雑な記号を簡単な記号からつくり出すルールと，どういう記号が窓から入ってきたらどういう記号を返してやるのかというルールを，英語で説明した本が置いてある．

　部屋の外には中国人がいて，中国語で書かれた質問を窓から入れる．部屋の中のあなたには，意味不明な記号の羅列にしか見えないが，英語で書かれたルール本に従って作業をし，中国語の文字列を生成して窓から外の世界へ返す．

　あなたが作業に習熟すれば応答は十分早くなり，外の中国人は，部屋の中の人は中国語がわかるのだと思うだろう．また，部屋全体のことを，中国語を理解しているシステムだと判断するであろう．そして，中国語の部屋はチューリング・テストに合格するだろう．しかし，部屋の中のあなたは，中国語をまったく理解せずに作業しているだけなのだが……

「中国語の部屋」の中のあなたは中国語を理解していないが

サールはAIの研究を2つに分けています．

強いAI：脳はデジタルコンピュータにほかならない．
　　　　心はコンピュータ・プログラムにほかならない．
　　　　心と脳の関係は，プログラムとハードウェア
　　　　の関係と同じである．コンピュータは心をも
　　　　つことができ，理解することができる．

弱い AI：コンピュータによるシミュレーションは心の
　　　　　研究に役立つ．

　彼は，弱い AI には反対しないのですが，強い AI は受け入れられないと主張するのです．そして，コンピュータも中国語の部屋とまったく同じで，形式的論理で動作するだけで，理解して応答しているわけではないと論じます．CPU であるあなたがプログラムであるルール本に従って作業することは，文法とそのほかの決められたルールに従っているだけ（統語論：シンタックス）であって，意味を理解しているわけ（意味論：セマンティックス）ではないというのです．

　統語論は意味論を生み出すには不十分である．一方，コンピュータのプログラムは統語論で完全に規定される．心は意味論的内容をもつ．したがってプログラムはそれだけでは心を生み出すには不十分である．というのがサールの考えの趣旨です．チューリング・テストに見られるような行動主義や機能主義に対する反論です．

　「中国語の部屋」と似た思考実験に，「中国人民」という思考実験もあります．中国人民一人一人にニューロンの役をしてもらえば，中国人民全体としては（一人一人が理解しているのとは別に）英語を理解し意識ももつことができるだろうかという問いかけです．そうは思えないでしょう．

これは,哲学者ネッド・ブロックが提出したもので,やはり機能主義に反対したものです.

脳細胞の一つ一つは日本語を理解していなくても

それらに対する機能主義側からの再反論を見てみましょう.

CPUであるあなたは中国語を理解していなくても,外部から見れば「中国語の部屋」全体は中国語にちゃんと対応しているのだから,中国語を理解していると見なせるではないか.同じように,あなたの脳細胞の一つ一つは日本語を理解していないのに,あなたは日本語を理解しているではないか.

このような機能主義側からの再反論には,サールは次のように答えます.「中国語の部屋」全体が対応しているといっても,CPUであるあなたがプログラムどおりやっているだけであって意味の理解がないなら,全体としても意味を理解することはできない.「中国語の部屋」がロボットだったとして,その操縦席にあなたが座り,全体としてのロボットが外界に対してつじつまの合う(チューリング・テストに合格するような)行動をしたとしても,中に閉じ込められているあなたは,入ってくる記号が何を意味し,そしてあなたが送り出す記号がロボットのどの動作を引き

起こすかなどまったく関知しない．つまりあなたは，あなたが扱っている記号に意味を見いだすことはできないのだ，と……

実は，この論争は，人工知能分野では記号接地問題というのですが，まだ白黒はついていません．あなたはどう考えますか？

「心とは何か」という超難問

意味はどこから発生するのでしょうか．また理解したという感じをCPUにあたるものがもてるようになるためには何が必要なのでしょうか．

宇宙論のホーキングとの共同研究や非結晶質のペンローズタイルで有名な数理物理学者のロジャー・ペンローズ（1931～）も，コンピュータは意識をもち得ないという議論を精力的にしています．コンピュータは決定論的に計算できるものしかつくり出せないが，意識は計算できないとして，意識と量子力学の関係を論じています．しかし，この流れはごく少数派といえるでしょう．現段階では超難問の説明に別の超難問をあてているといった感じを免れません．

> ## Conclusion
>
> 　知性があるかのごとく行動する．外から見てそれが人間と区別できないなら，たとえどんなハードウェアで実現されていたとしても，知性があるとみてよい．それが「チューリング・テスト」の立場です．
>
> 　それに対する批判が，「中国語の部屋」をはじめとする思考実験でした．知性があると判断されチューリング・テストに合格できるようなシステムを提示し，そのシステムはとうてい意味を理解してはいないだろうと論じるのです．ただし，それは言語哲学的な問題が主であり，意識があるとはどういうことかは，少し別の問題です．

文庫化に際して：人工知能が実現しつつある今日

　初版出版以降，すでに2000年代半ば頃から始まっていた第3次AIブームによるAI技術の進歩は急速で，実用化，社会実装も驚くべき進展を遂げました．それはおもに深層学習技法によることから始まったものでした．その結果，20世紀のうちは，1996年，チェスのようなゲームでコンピュータDeep Blueが人間であるガルリ・カスパロフに勝ったのに驚いていたのが，最近では将棋や囲碁のような難しいゲームでも，たとえば2015年にAlphaGoが人間の

ヨーロッパ王者に勝つまでになりました．これらは非常に限定された問題のみを扱うシステムでの出来事ですが，より一般の事柄を扱うものはどうだったでしょうか．たとえば自然言語処理について．

この実験 File 冒頭の「イライザ」は第 2 次 AI ブーム時点でのエキスパートシステムで，単純な発想のプログラムでした．初版時点でも笑ってしまいたくなったかもしれませんが，それはむしろこんな会話で神経症が改善されたという，人間のほうについてだったのではないでしょうか．言語を出力するプログラムとしては，ごく最近でしたが，大規模言語モデルによる言語生成 AI，ChatGPT3.5 が 2022 年 11 月に公開されました．その後，各社も同じジャンルのシステムを提供し始め，それらは，一般市民に急速に利用され始めました．現在，何かを調べようとするとき，プロンプトからコンピュータに質問して，文章で回答してもらうというのはごく普通のことで，学校などでもレポート課題の採点に困っている有様です．

この ChatGPT などは，チューリングテストに合格するでしょうか．当然合格すると思われます．音声で回答させることもできますから，あまり長くない，そして一般的な内容の会話なら，人間と区別がつかないでしょう．それに合格するような実物ができてきた以上，しかもそれが日常生活で身の回りにあるのですから，チューリングテストな

どという思考実験は，時代遅れの代物なのでしょうか．いや，そうではないでしょう．そのような今でこそ，チューリングテストという思考実験のどこをどう改変すれば，人間と機械の違い，それから知能，意識，自我という概念の間の違いなどをあぶり出せるのか，それを考えてみるべきです．通常では起こりえないような極端な状況を設定し，さらにパラメータを随意に変化させて検討する．それが思考実験の極意です．トロッコ問題にいろいろなバージョンがあるのと同じことです．

　なお，大規模言語モデルというのは，ある単語の次にどの単語がくるかの予測を立て，それをつないでいって文章をつくります．そのために深層学習によって大規模な既存の文章のデータから（もちろんこの世の中についての事実についても含まれます），統計的相関を調べるのです．ですから，普通にいう「考えている」のではありません．いや，人間がしているのもそのようなことなのかもしれないのではありますが．

実験 File 07
水槽の中の脳と世界5分前創造仮説

この世界が夢でないといいきれるか!?

SF映画「マトリックス」の仮想現実

1999年にヒットしたSF映画『マトリックス』. 映画で展開される世界「マトリックス」は，コンピュータがつくり出して人間たちに見せていた仮想現実です.

未来世界で，人類は，コンピュータとの戦いに負けてしまった結果，コンピュータのエネルギー源にされるために，生まれてから死ぬまで培養液の入ったカプセルに封入されて，利用されているのでした. 効率よく脳のエネルギーを利用するには，脳が健やかに活動していなくてはならないために，コンピュータはカプセル中の人間の脳に仮想現実を見せていたのです. そこでは，現実と見まちがうようにコンピュータがつじつまの合った応答をしており，さらには，ほかのカプセルの中の人間の脳とも同じ仮想現実中で共演しているのです. コンピュータがつくり出した登場人物も参加します. 映画の後のほうになると，仮想現実から抜け出した人間が，他の人間がカプセルに入れられて，マ

トリックス世界を体験しているところを見てしまったりもします．

映画の続編では，現実世界に戻った抵抗軍である人間たちが，仮想現実マトリックス世界に入り込んで戦ったり，現実世界でも戦闘が行われたりとなっていくのですが……

この映画のマトリックス世界は，アメリカの分析哲学者ヒラリー・パトナム（1926〜）が書いた著書の中で用いた思考実験のとおりの世界です．

「水槽の中の脳」の思考実験

1981年に，パトナムは「水槽の中の脳」という論文（『理性・真理・歴史——内在的実在論の展開』）で「指示の魔術理論」という説を論駁するためといって，次のような思考実験を提出しました．

「指示の魔術理論」とは，何かの表現，とりわけ名前とその名前の担い手との間に魔術的な結びつきがあるという考えです．たとえば人の本当の名前を知ってしまえば，その人を自由に操れるとされます．そういった考えに対抗した「水槽の中の脳」とは次のような思考実験です．

Thought Experiment

あなたは邪悪な科学者に拉致され，手術されてしまった．あなたの脳は身体から取り出され，脳を生かしておくための培養液の入った水槽に入れられている．

あなたの脳から出ている神経は，高性能コンピュータに接続され，コンピュータはあなたの神経に，あたかもあなたが外界を平常どおりに知覚しているような電気化学的パルスを与えている．あなたが手を上げようとすれば，コンピュータはあなたが自分の手が上がっていくのを見たり感じたりするようにさせる．脳を取り出す手術をされた記憶も消去されてしまったので，あなたは，そんな事態になっているとは気づかない．

邪悪な科学者は，彼以外のすべての人間に対して手術をして，みんな水槽の中の脳にしてしまったのかもしれない．友人と会話をしているのも，コンピュータの見せている幻覚を通してなのかもしれない．

あなたが水槽の中の脳ではないとするなら，どうやったらそれを知ることができるであろうか……

この思考実験は，古くからある懐疑論を現代的に述べ直したものとして広汎に流布しています．パトナムの意図であった指示の魔術説の論駁という目的は忘れられているのですが，それについては後ほどふれます．

この世界はひょっとすると「水槽の中の脳」の仮想現実なのかもしれない

デカルトの「夢論法」

　古代中国の荘子（B.C.369〜286）は次のようなことを述べました．「私は夢を見て，その夢の中で蝶になりました．蝶として楽しんだあげく夢が覚めてみると，私が夢を見て蝶になったのか，それとも蝶が夢を見て私になっているのか……」．この話は，「胡蝶の夢」として知られています．

古来より人間は，目の前の，今まさに自分が経験し参加している世界が，夢なのかもしれないと考えることがよくありました．もしそうかもしれないなら，世界が夢であるかないかを判別する方法はないだろうかと考えてきました．その問いに対して，「区別する方法はないのではないか」というのが「懐疑論」の立場です．

　物心二元論，解析幾何学，力学的世界観，そして神の存在証明で有名なフランスの哲学者ルネ・デカルト（1596〜1650）は，1641年に出版した『省察』という著書のなかで「方法的懐疑論」を展開しています．無批判に受け入れている先入観をいったんすべて疑ってみて，そのうえで疑い得ないで残ったものから新しく出発するというものです．それが，「デカルトのコギト」として有名な「考えている私の存在だけは疑い得ない」ということでした．ちなみに，フランス語でje pense, donc je suis（われ思う．ゆえにわれあり）と書いたのが1637年の『方法序説』，ラテン語でcogito ergo sum と書いたのは1644年の『哲学原理』だそうです．

　デカルトの「方法的懐疑のための夢論法」という思考実験は次のようなものでした．

Thought Experiment

　物を見たり音を聞いたり何かを触ったりといった，外界についての感覚的経験は，見まちがったり錯覚したりすることがあるため，知識の獲得手段としては信頼性に欠ける．この懐疑は，ある感覚は信頼できないかもしれないという懐疑である．

　では，もっとグローバルに，感覚はすべて信頼することができないとか，さらには，感覚によらない心の内の事がらまで信頼できないかもしれないという懐疑はどうだろう．

　私は今，暖炉の前に座っている．冬着をまとっている．この紙を手にしている．これらの事がらはどうだろうか．私はこれらの事がらを夢の中でしばしば見て信じている．目覚めていて腕を伸ばす感覚，これは確実だと思われるが，しかし夢の中でも腕を伸ばすと腕が伸びていく感覚がある．覚醒中と睡眠中の夢を区別する確かなしるしはないのであろうか．

　多くの人間は，自分が夢を見ている夢を見るようだ．夢から覚めてみたんだけど，その世界自身が夢で，また目が覚めるというわけである．夢の世界にいるのか，「現実」の世界にいるかはどうしたらわかるのだろうか？よく「ほっぺたをつねってみて痛かったら夢じゃない」などという．しかし，「痛い」と感じている自分は夢

の中かもしれず,その疑いがどこまでも続くので,決定的な判別法にはならないであろう……

　2010年の映画『インセプション』は,夢を複数の人間が共有し,そのなかで活動することができるという『マトリックス』と似た世界を扱っています.その映画では夢の中の夢,さらにその中の夢という階層構造の多重夢世界が描かれていますが,夢なのかどうかは判定できるということ

夢を見ていると思っている自分も夢なのかもしれない

にしてありました.『マトリックス』でも,主人公が,コンピュータによってカプセルの中の培養液につけられている人間を見つけ出し,「現実世界へようこそ」と言われるシーンがありますが,もしかするとそれも仮想世界でのできごとかもしれないのです.

ここまで来ると,外界についての誤った知識というだけではなく,もっと進んで,そもそも外界はあるのだろうかという疑問が生じてきます.すべてが,培養槽の中の脳がコンピュータによって見せられている世界なのかもしれません.そして,デカルトはまだ先に懐疑を進めます.

デカルトの「欺く神」

ここまで来ても疑い得ないで残っているものは何でしょうか.物理学,天文学……といった経験による外界についての知識はみんなだめですね.残った候補は外的な事物に関する経験的な知識ではないもの,たとえば数学的な知識なら,誤ることがないのではないでしょうか.「2 + 3 = 5」という事実は,目覚めていようと夢の中だろうと変わりません.四角形が4つの辺をもつことも大丈夫そうです.すなわち,経験によらないでわかる先験的(ア・プリオリ)な知識は疑わなくてもよいように思えます.しかし,デカルトはそうではないかもしれないと言いだします.

> *Thought Experiment*
>
> すべてのことをなし得る神が存在して，私に「2 + 3 = 5」といつも思わせるように，あるいは誤らせるようにしむけているのかもしれないではないか．そのように，デカルトは，数学的真理までも疑いうると考えた．
>
> それでもなお疑い得ないことはないのか．そう突き詰めていって残ったのが，このような懐疑をどんどん増幅させている私自身の存在である．私がなければこのような懐疑もない．ここでいう「私」とは，特定の名前と記憶と歴史をもち，自分であるという感覚をもっている「私」ではない．とにかく何かを考え疑っている存在が1つあるということである．少なくとも，考えているということが行われている限り，考えているという何者かがいる．たとえ神に欺かれているとしても，欺かれている者がいるのである！

デカルトは，この疑い尽くして最後に残った「われ」を足がかりにして，懐疑論を克服すべく世界の知識を構成していこうとします．しかし残念ながら，必ずしも成功していないようです．

もし，まちがった命題を明晰判明に認知するように，「欺く神（悪しき霊）」があなたをつくっていたとしたらどうしますか．デカルトは，欺瞞者ではないような完全な神

が存在して私をつくったのだとするために，神の存在証明を数種与えています．私の中には完全な存在である神の観念がある．こういう観念があるのは完全な神が私を創造するときにそれを私に植えつけたからだ．したがって神は存在する……というように循環論法に陥ってしまっているといわれています．

パトナムの言いたかったこと

「デカルトの夢論法」と「欺く神」の現代版というべき「水槽の中の脳」の思考実験は，パトナム自身の言葉によれば，必ずしも懐疑論やその反駁のために言い出したのではないのだそうです．「水槽の中の脳」の思考実験においてあなたが水槽の中の脳であるとして，「私は水槽の中の脳である」と言うことが可能であろうかという問題を考えるためでした．彼は，それはできないと言います．そのような主張は自己論駁的であるというのです．

あなたが水槽の中の脳であるとしたならば，あなたは現実の脳を見たことはないわけです．あなたが言う「脳」とは，コンピュータがあなたに見せているイメージにすぎません．したがってあなたは「私はコンピュータが見せている水槽のイメージの中に浮いている脳のイメージである」と言っていることになります．あなたの「脳」という言葉

は，現実の脳を指示しているのではなくて，あなたに接続されているコンピュータのプログラム中の「脳」というイメージに対応する何かであるか，神経回路を伝わる電気化学的パルスを指し示しているのです．こうしてパトナムは，「水槽の中の脳」によって「指し示す」ということについての議論をしているのです．

ところが，「水槽の中の脳」の思考実験は，もともとのパトナムの主旨とはその使われ方が違ってきていて，懐疑論の一つのタイプをわかりやすく，そして明快に提示する論法として流布しています．懐疑論を乗り越えようとするときに，論駁すべき明快なモデルとして役立っているといえるでしょう．

「世界 5 分前創造仮説」の思考実験

もう一つ，懐疑論についての有名な議論に，イギリスの哲学者・論理学者バートランド・ラッセル（1872 〜 1970）が 1921 年の著書のなかで示した，次のような思考実験があります．

> .... *Thought Experiment*
>
> 　われわれの世界は，たった5分前にすべてが創造されたもので，それより過去はなかったのかもしれない．ラッセルの言葉によれば，記憶されていることが実際には起こっていなくても，そのような記憶があるという信念は生じるのではないだろうか．もっといえば，過去がまったく存在していなくても，過去が存在したという信念は起こりうるのではないだろうか？
>
> 　たとえば，この世界は，今から5分前に，すべての存在しなかった過去をみんなが覚えているという状態でそっくりそのまま突然創造されたとは考えられないだろうか．そのような仮説も論理的には可能である．
>
> 　異なる時間に生じたできごとの間には，いかなる論理的・必然的な結びつきもない．それゆえ，いま起こりつつあることや未来に起こるであろうことによって「世界は5分前に始まった」という仮説を反駁することはできないのである．したがって，過去の知識とよばれているできごとは，過去とは論理的に独立である．そうした知識は，たとえ過去が存在しなかったとしても，現実の今の世界で起こっているできごとと整合するのである！

　この思考実験も，懐疑論のわかりやすい例としてよく引用されます．われわれには5分前よりさらに過去の記憶が

122　Ⅱ　人間と世界の存在を根底から問う！─哲学・世界観の思考実験

われわれの世界はたった5分前に創られたものかもしれない

あります．昨日どう行動したかの記憶もありますね．そのうえ，昨日の記憶は自分だけのものでなく，昨日会った友人の記憶とだいたい一致するでしょうし，新聞記事に載っ

ている事件とも一致するでしょう．しかしその記憶は，実は創造主によって，あたかもずっと過去があるようにそのような記憶を植えつけられた状態で創造されて，5分前にスタートしたのかもしれません．

　それに対して，物証があるではないかと反論するのは難しいのです．たとえば，古文書などはそのように書いたものを用意しただけであり，用紙やインクまで古いものを使って実は5分前につじつまが合うように用意されたのかもしれません．化石や石油や地質学的証拠などはどうでしょう．宇宙は何十億年も前に始まって星雲や惑星系が生成されてきたのではなかったでしょうか．でも，それらの証拠も，あたかも何億年，何十億年もかかって進化してきたと人間が信じてしまうように創造主が5分前に生成したのかもしれません．

　ずっと昔から存在してきた世界も，その世界の5分前につじつまが合うような状態で創造された世界も，その後の歴史はまったく同じになり，区別できないでしょう．

　物理主義的にいえば心は物質の状態なのですから，物質が5分前に，大昔から連綿と続いてきた世界と同じ状態で生成されたのなら，記憶も感情も質感も同じになるでしょう．創造主が，過去があったとあなたに思い込ませるように，過去の証拠とともにあなたも含めて全人類・全世界を創造したわけなのですから．

世界は6000年前に創られた!? －創造科学

 ところで,思考実験としてではなく,現実にこのような説を主張した人たちがいます.それは,アメリカで「創造科学」を唱える人たちです.

 創造科学の目的は,生物の進化について聖書の記述を擁護し,ダーウィンの進化論に対抗することでした.聖書には,今から約6000年前に7日間で天地が創造されたことが書かれています.またすべての生物は神により創造されたままであって,進化という事態はあり得ないとされます.適者生存によって生物が変化するという進化論の主張は,聖書の記述に真っ向から逆らうわけです.ダーウィンが(もうひとりの発見者ウォーレスと同時ですが)進化論を世に問うたとき,世間はそのような考え方を受け入れませんでした.進化論はそんなことを主張していないのですが,「われわれはサルの子孫ではない」などと非難されました.しかし,後に,ヨーロッパでは科学の主張と信仰の問題は別であると考えられるようになり,聖書の記述は比喩的なものであるなどということもいわれるようになりました.

 ところがピューリタンの子孫によって建国されたアメリカでは,同じキリスト教徒ではありますが原理主義が根強く,聖書の記述はすべてそのまま事実であるとする宗派が大きな勢力をもっています.だからアメリカでは進化論は

受け入れられにくく,「進化論を学校で教えてはいけない」ということを訴えた有名な裁判もあります.この傾向は20世紀中続き,21世紀の現在でも「インテリジェント・デザイン」と名を変えて勢力を保っています.「創造科学」と言っているのは,進化論や心理学をはじめとする科学を聖書原理主義に対して相対化するためです.「神の意思」という言葉を廃したり,大学院をつくるなど,制度の面でも自らを「科学」の一員であるとし,同じ科学の土俵に立って,進化論と争おうというのです.

創造科学では,地球も6000年前にできたのですから,何億年前の生物の死骸が変化してできた石炭や,化石の出土する地層の積み重なり具合の説明も6000年以内にあっという間にできたことにしなければなりません.そのようなときに創造科学側は,「あなたが,あたかも6000年より前のできごとが存在する証拠があると主張したくなるような状態で,世界は6000年前に創造されたのだ」というのです.これは,「世界5分前創造説」とまったく同様の主張です.

Conclusion

　いったん疑惑が生じると一つの疑念を打ち消しても，すぐにさらなる疑惑が生じてきますが，これだけは確かだといえることは本当にないのでしょうか．

　あなたは夢の世界にいるのかもしれないし，マッドサイエンティストの悪だくみで水槽の中の脳にされてしまっているのかもしれない．その疑いを排除することはできません．疑いを払いのける理由を見つけても，そのようにあなたが疑いを払いのけられるような根拠も含めてあなたを含む世界は創造されているのかもしれません．

　生物には何万年もの歴史があり，昨日のできごとは実際にあったのだと言っても，創造主は，あなたがそう思うような証拠とともにあなたを含めた世界を今しがた創造したばかりだと反論されるでしょう．

　懐疑論を反駁することは，このように絶望的です．それをわかりやすく提示しているのがこの章の思考実験でした．しかし，懐疑論は非生産的ですから，前向きに生きていく根拠とするために，デカルトは方法的懐疑を打ち出したのです．

実験 File 08
宇宙のファイン・チューニングから眠り姫問題へ

宇宙はなぜ奇跡的に人類誕生に都合がよかったのか!?

「湖の魚」の思考実験

カナダの哲学者ジョン・レスリーは，次のようなおもしろい思考実験（1996）を考えました．それは，われわれの宇宙について物理学者や哲学者が行う議論の比喩として提出されたものです．

Thought Experiment

あなたは，水の濁ったこの湖の底のほうに，23.2576 cmの大きさの魚が棲んでいたことを知っている．なぜなら，あなたはたった今，その魚を釣り上げて計測したばかりだからだ．では，あなたはこの湖に 23.2576 cm という魚が棲んでいたという事実について，なにか説明を必要と感じるだろうか．別にそんな必要はない，とあなたは考えるであろう．どんな魚でも体長は何らかの値なのだから．

しかし，次の瞬間，あなたの釣り道具がまさに23.2576 cmプラス・マイナス1万分の1 cmの魚だけしか釣れないような仕様であったことに気づいたとしよう．これは非常に奇跡的な一致で，不思議なことであろう．魚がそれよりごくわずかでも大きかったり小さかったりすれば，魚は釣れなかったのだ．この奇跡的な一致については，きちんと説明されなければ居心地が悪く感じるであろう．

　その説明には，2つの選択肢が考えられる．

　1つ目．湖には体長のバラエティーに富んだ魚が数多く泳いでいて，それらの魚のうちで，たまたまあなたの釣り道具の仕様に一致している体長の魚が釣れたのである．

　2つ目．恵み深い神様があなたを哀れんで，まさにその特殊な道具で釣れる魚を湖に泳がしてくれたのである．

「神様が出てくる説明はどうもね」と思う方が多いのではないでしょうか．実は，この「湖の魚」の思考実験は，われわれの宇宙はなぜ人類の発生に非常に適した条件を備えているのだろうか，という疑問について説明する「人間原理」という考え方の比喩なのです．

　それがどういうことなのかを考えていくために，まずは，われわれの宇宙が，人類が発生するために奇跡的に都合よくできていた，という事実から見ていきましょう．

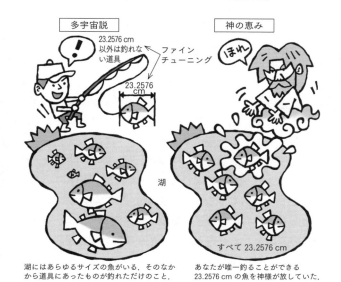

「湖の魚」の大きさの奇跡的な一致の説明として2つの選択肢が考えられる

奇跡的な「宇宙のファイン・チューニング」

アインシュタインの一般相対性理論を、日食を利用した太陽の重力レンズ効果で検証したイギリスの天文学者アーサー・エディントン（1882〜1944）は、「巨大数仮説」というものを提出しています。それは、物理学や天文学・宇宙論に現れる物理定数の間に、奇妙な一致や単純な関係があるように見えるという仮説です。全宇宙の電子の数、電

子と陽子の質量の比，陽子 - 電子間の電気力と重力の比，宇宙の膨張速度と光速度の比などの検討からエディントンが思いついたことでした．古代ギリシャの哲学者ピュタゴラスの，「宇宙は数の調和からできている」という数秘術的思考の再来のように受け取られ，エディントンは晩年評判を落としました．しかし，このような主張はいろいろな人がしています．

　数理物理学者・哲学者でもあるドイツの数学者ヘルマン・ワイルも 10 の 40 乗という巨大数が物理学のいろいろなところに出てくるという主張を 1919 年にすでにしていました．著名な哲学者であるバートランド・ラッセルも同様の議論をしています．さらには量子力学の建設者の 1 人である天才物理学者ポール・ディラックもこの線での議論をしています．

　このような，宇宙と物理法則に関する基本的な数値が奇妙にも一致するという主張から，さらに踏み込んだテーマが生み出されました．もしこのような奇妙な一致がなかったとしたらわれわれの宇宙はどうなっていただろうか，という研究が行われたのです．

　電子の電荷や万有引力定数，プランク定数という量子力学の基本定数などの物理定数の値が，実際の値とごくわずかでも違っていたとします．その仮定のもとで原子は安定に存在できるかなどといった計算をしてみたのです．する

と，安定な元素，恒星，惑星，生物圏ができるのは，奇跡ともいえるような物理定数の値の際どい「設定」によっていることが判明しました．もし，物理定数の値がちょっとでもずれていたら，そのような宇宙はわれわれの宇宙とはまったく異なって，知的生命体など生まれるはずもない姿となってしまうことがわかったのです．

この奇跡の一致を「宇宙のファイン・チューニング」とよびます．ファイン・チューニングとは，定数の値が精密に調整されているという意味です．宇宙はわれわれ人類にとってできすぎというぐらい都合よくできています．もしちょっとでもずれていたら，われわれ人類は存在しなかったなんて……恐ろしいですね．なぜこのような奇跡の重複が起こったのか！ 誰がいったい何のために？ あなたならどう考えるでしょうか．

「人間原理」で神の登場を避けられるか!?

人類が発生するためにあまりにも都合のよいわれわれの宇宙の条件．そうでなければわれわれは存在できないという環境条件．この奇跡的なファイン・チューニングは，さきほどの「湖の魚」の思考実験で見たように，神が宇宙創世に際して人類を生み出すために行ってくれたのだと考えることもできます．しかし，「神」による説明を避けたい

と考える人も多いはずです．イギリスの宇宙論学者・物理学者ブランドン・カーターは科学者として，神を登場させないために，逆転の発想で「人間原理」を 1974 年に提唱しました．簡単にいうと次のような主旨です．

Thought Experiment

　知的生命体が発生できないような条件の宇宙は，誰にも観測されない．そのようなファイン・チューニングされていない宇宙は，決して観測されることがないのだから存在しないのと同じである．宇宙はその歴史のどこかにおいて観測者（知的生命体）をつくり出すことを許すようなものでなければならない．つまり，われわれ人類が存在している以上，この宇宙がファイン・チューニングされているのは必然である！

　主張の強弱や温度差はいろいろですが，ホーキング，ホイーラー，ホイル，ポーキングホーンなど多くの宇宙論学者がこのような立場をとっています．しかし，「人間原理」はあたりまえのことを述べているだけで，なにも新しいことを言っていない，という批判もよく聞かれます．ダーウィンの進化論に対して「自然淘汰，適者生存とは，生き残れる能力のあるものが生き残って発見されていると述べているだけだ．論理学でいう同語反復である」といった批判がありましたが，それと似た批判です．

「多宇宙」による奇跡の説明

　「人間原理」にもとづいた宇宙観とはどのようなものでしょう．宇宙はわれわれの存在を許すものしか観測されない，と言いきってそれで終わりなのでしょうか．もうひとつの論理的可能性があります．それが「多宇宙」です．

　この場合の「多宇宙」とは，世界には宇宙がたくさんあるとする考え方です．宇宙はユニバースですが，多宇宙はマルチ（多くの）バースといったりします．たくさんある宇宙は少しずつ物理定数の値が異なっていて，それらのなかの1つぐらいは，人類誕生に適したものがあっても不思議ではない．その人類誕生にぴったり適合した宇宙こそが，われわれのこの宇宙で，実際にわれわれ人類が進化して文明を誕生させたのだ，というわけです．一方で，それ以外のほとんどの宇宙は観測者である知的生命体を生み出さないため存在しないのと同じということになります．そう考えれば，奇妙さは解消されるのではないでしょうか．

　実は，冒頭に紹介したレスリーの「湖の魚」の思考実験は，カーターの「人間原理」の議論を擁護するために提出されたのです．いろいろなサイズの魚はそれぞれの物理定数をもった宇宙に対応します．あなたの釣り道具で釣れる条件というのは，あなたという知的生命体が存在できるという条件になります．レスリーは「観察による選択効果

（観測選択効果）」という概念を強調することによって，奇跡の不思議さがさらに軽減されると主張しました．

「観察による選択効果」とは，電話によるアンケート調査は電話をもっている富裕階層の意見に偏るとか，光学望遠鏡による天体観測は地球から見て明るく見える星に偏ったデータしか得られない，などといった観測者や観測装置の性質によって得られるデータに偏りが生じることです．

話を宇宙に戻すと，宇宙の物理定数の値や，なぜ宇宙がそうなっているのだろうと思いをめぐらす人間という観測者の性質による「観察による選択効果」が，不都合な宇宙は観測されなくて，観測される宇宙は必然的に都合のよいものである，という偏りを生じさせているのです．まとめると，

Thought Experiment

観察事実としてわれわれの宇宙はファイン・チューニングされている．

↓

このファイン・チューニングはほとんど不可能な奇跡的事態である．

↓

この驚くべき事態は説明されなければならない．

↓

もし多宇宙仮説が真であればファイン・チューニングの不思議さを大幅に軽減させる．

したがってわれわれは，多宇宙仮説を受け入れる合理的理由をもっている．

　このような論法は，現実の証拠を列挙していくことによって仮説を検証していく帰納法とは異なり，仮説形成的推論といわれます．不思議なことを前にして，もし○○だったらこのことは不思議ではない．だからどんなに奇妙に見えようとも○○だったのだ，という強引な推論法ですね．

　人類に観測されなかった宇宙（釣れなかった魚）を考えるということは，物理定数の値が異なるたくさんの宇宙の集団を想定しているということです．では，そのような別の宇宙なるものの候補はあるでしょうか．

　物理学でいえば，すぐに候補にあげたくなるのは量子力学の多世界解釈です．これは量子力学のコペンハーゲン解釈に対抗して，波束の収縮なしの量子力学を考えたもので，測定のたびに，可能ないくつもの測定結果に対応する別々の世界に分かれていくという考え方です（「EPRのパラドックスとベルの不等式（実験File20）」「シュレディンガーの猫とウィグナーの友人（実験File19）」を参照）．この考えも，実は宇宙論のなかから生まれたものでした．

しかし量子力学的多世界と人間原理の多宇宙は別のものだと思われます．人間原理の多宇宙ではわれわれの現実の物理法則に反する世界も考えますが，量子力学の多世界解釈は物理法則にしたがった世界のみを考えるという大きな違いがあります．

「平凡の原理」と「終末論法」

一般に哲学ではさまざまな議論のなかで，想定することが可能な「可能世界」として多世界，多宇宙が登場します．その議論のひとつとして，「平凡の原理」とよばれるものを見てみましょう．

「平凡の原理」とは，「宇宙のなかで，太陽とか地球は特別ではない．太陽系で起こっていることは他でも起こっている」とする原理で，「コペルニクスの原理」とよばれる仮定を一般化したものです．たとえば，「この議論をしている自分は"典型的"な登場人物である」または「私は平凡である確率が高い」などということです．自分は例外であるとか，特殊であると初めから仮定するのは，まちがいを犯す確率が高いでしょう．ほかに特に何も情報がなければ，自分は平凡だと仮定しておくのが無難ですね．

次に示すのは「終末論法」という論法で，やはりカーターが提出してレスリーが議論した論法です．

Thought Experiment

① 人類の文明はこの先，何千年も続くだろう．
② ところで，事実として人口は急増している．
③ そうだとすると，われわれは人類史の例外的な初期にいることになる．なぜなら，文明の発生から何千年後かの滅亡の日までの長い歴史を考えると，指数関数的な爆発的人口増大のなかで現在の人類は，生まれてきた人の数の順でいうと歴史の中点ではなく初めに近いところにいることになるからである．
④ これは平凡の原理に反する．
⑤ よって①の仮定は誤りであろう．すなわち，この先ずっと人類が続くとは考えにくいのである．

（図：縦軸「何千年」，「現在」，「文明の発生」，横軸「人口」，「人口の爆発的増加」．現在にいる私は，過去から未来までに出現する全人類のうちで，ごく初期の人間ということになる → 平凡の原理に反する！）

「人間原理」や「多宇宙」という議論に対しては，問題を単に言い換えただけにすぎないという批判がずっとされています．その一方で，宇宙論では人間原理に同調する研究者が多いのも事実です．どちらが正しいか結論は出ませんが，少なくとも，「多世界」の構図は，何が可能なのか，何

がありうるのか,を論ずるときに大きな手がかりを与えてくれるように思えます.

「眠り姫問題」の思考実験

「人間原理」や「多世界理論」は,確率とは何かということを考えるときにもよく利用されます.

異なるいろいろな結果が起こりうる状況で,個々の結果の確率を考えるとします.その確率の値は,世界がたくさんあるうちで,問題にしている結果に一致する世界の割合だというのです.

このような確率の解釈や評価,そして情報とは何かをめぐっての最近の論争に,「眠り姫問題」という思考実験があります.哲学者のアダム・エルガが2000年に提出したものですが,思考実験に現実味を出すためにオリジナルではなく少し改変された形のほうを紹介しましょう.

Thought Experiment

あなたは忘年会で酒を飲み過ぎて酔っ払ってしまった.あなたの家は私鉄沿線の駅にあり,ターミナルのA駅から9駅目の終点J駅で降りなくてはならない.

あなたはA駅で始発電車に乗り込むと眠ってしまった.A駅を発車する電車には2種類あり,ひとつは最初のB駅止まり.もうひとつは終点のJ駅行き.酔っ払いにと

って，どちらの電車に乗るかは確率 $\frac{1}{2}$ である．

あなたはすべての駅に着くごとに，線路のつなぎ目の振動で目が覚める．そして何か質問をされたあと，また眠ってしまう．あなたは，各駅で起きるたびに前に質問された記憶を失っているため，どの駅にいるかはわからない．

さて，あなたは1つめのB駅で目を覚ましましたが，もちろんB駅だとはわかっていない．そこで2つの質問をされる．

● 質問1「あなたは，B駅止まりか，J駅行きかどちらの電車に乗っているのでしょう．この電車はB駅止まりだと思いますか？」

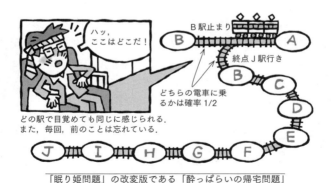

「眠り姫問題」の改変版である「酔っぱらいの帰宅問題」

●質問２「ここはＢ駅です．だとしたら，この電車がＢ駅止まりだという可能性は？」

●質問１に対しての答えとして代表的なものが２つあります．

①「Ｂ駅止まりである確率は$\frac{1}{2}$である」【系列説】

仮定からして，どちらの電車に乗るかの確率は$\frac{1}{2}$です．あなたが乗ってから眠って目が覚めても，何も新しい情報は得ていません．情報を得ていないということは，確率も変化しないということなので，$\frac{1}{2}$の確率です．

つまり「Ａ→Ｂ」と「Ａ→Ｂ→Ｃ→Ｄ→Ｅ→Ｆ→Ｇ→Ｈ→Ｉ→Ｊ」という２つの系列に対して同じ権利を与える考え方です．因果的に，どちらの電車に乗るかという原因があって，その結果としてどの駅で目が覚めているかの結果が生じるという考えです．どちらの系列だったかというのが仮説で，目が覚めている駅はどこかというのが観測されるデータだといってもよいでしょう．

この確率は1/2ずつで，それからの新たな情報はない

②「B駅止まりである確率は $\frac{1}{10}$ である」【目覚め説】

あなたの目が覚めて質問をされ始めるという，質問1がなされるシチュエーションは何とおりあるでしょうか．

B駅止まりに乗ってB駅で目が覚めている．J駅行きに乗ってB駅で目が覚めて質問をされている．J駅行きに乗ってB駅で目が覚め質問をされて，そのあとまた眠って完全にB駅で目が覚めたことは忘れてしまいC駅で目が覚める．そして質問をされている．……というように，B駅止まりで1とおり，J駅行きで9とおりあり，合わせて10とおりとなります．この10とおりは，目覚めを体験しているあなたにとってまったく区別がつかず，同じ可能性があるように思われます．そのうちB駅止まりであるのは1とおりです．このように，各々の目覚めに同じ重みを与えれば，B駅止まりの確率は $\frac{1}{10}$ です．

これはJ駅行きの電車に乗っていて目覚めを体験しているほうが平凡であるからそのほうが可能性が高い，という「平凡の原理」で考えていることになります．

この10個の目覚めは区別できない．そのうちの黒丸のみがB止まりである

●では，質問2に対してはどうなるでしょうか．

ここはB駅ですと知らされると、ここがC駅より先である可能性は消えてしまいます.

①「質問1に対して$\frac{1}{2}$説を採った人は，$\frac{9}{10}$となる」【系列説】

まず、B駅止まりに乗った確率は$\frac{1}{2}$で、その場合B駅であることは確率1で必ず起こるなので、B駅であることを知ったときに、B駅止まりである確率は次のようになります.

$$\frac{1}{2} \times 1 = \frac{1}{2}$$

またJ駅行きの確率も$\frac{1}{2}$ですが、J駅行きに乗っていてB駅で起こされているという確率は次のようになります.

$$\frac{1}{2} \times \frac{1}{9} = \frac{1}{18}$$

したがってB駅であることを知った今や、2つのあり得る場合の確率は$\frac{1}{2}$と$\frac{1}{18}$を合わせた$\frac{10}{18}$となります.

したがって、求める確率は、$\frac{10}{18}$のうち、B駅止まりの$\frac{1}{2}$の占める割合である$\frac{9}{10}$と計算されます.

この計算は「3囚人問題（実験File10）」の章で紹介する「ベイズの定理」にしたがった計算です（p.110参照）.

②「質問 1 に対して 1/10 説を採った人は,$\frac{1}{2}$ となる」

【目覚め説】

なぜなら,今やあり得る目覚めは,B 駅止まりで B 駅のときと,J 駅行きで B 駅停車中のどちらかです.はじめは,B 駅止まりの 1 つの目覚めも J 駅行きの 9 つの目覚めも,合わせて 10 の目覚めが同列に対等です.それが,「B 駅だ」という情報によって J 駅止まりでの C 駅以降の 8 とおりの可能性が消えました.

残る 2 つの可能性が同列に並んで残った対等な可能性ですから,単純にそのどちらかということで,求める確率は $\frac{1}{2}$ となります.

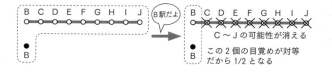

質問 1,2 それぞれに対しての上の 2 説の答え

B 駅止まりの確率		系列説	目覚め説
	質問 1	$\frac{1}{2}$	$\frac{1}{10}$
	質問 2	$\frac{9}{10}$	$\frac{1}{2}$

ここに述べた以外にもさまざまな考え方があります．それらの違いは確率の解釈によるもので，情報を得るとはどういうことかという謎にも関係する問題です．この思考実験で，各々の目覚めを，多宇宙の中のある宇宙（それはその宇宙の宇宙開闢から宇宙の終末までです）に対応させれば多宇宙と確率の解釈という問題と関係してくるのです．

　ちなみに，エルガが「眠り姫問題」と名づけた実験は，上の思考実験の「あなた」を眠り姫（sleeping beauty）に置き換え，さらには，「2種類の電車のどちらかに乗る」という設定を「日曜日の夜のコイン投げで，月曜日に実験室内の眠り姫を起こして質問しそこで実験を終わりにするか，月曜日，火曜日……と実験室の眠り姫の記憶を毎回消しながらくり返して，週末に終わりにするか」というように置き換えたものです．

Conclusion

　奇跡的な幸運の背後に，不幸も幸運も含めた非常に多数の可能な世界を想定する．それが人間原理です．われわれが存在できるという幸運は，平凡な多様な世界のなかから，まさに観測者であるわれわれが観測できているという観測選択効果によって選び出されているにすぎないのかもしれないのです．

　世界で起こることが非決定論的であるのを受け入れるためには，背後に，そうであったかもしれない多数の可能世界を想定しなくてはなりません．自分自身が登場する命題の確率を見積もるためには，そのような可能世界の集団のなかで，どれとどれが対等な可能性をもつかということが大問題になるのです．

PART III

確率と可能性のロジックを探る！
数学・論理の思考実験

困難があるとしたら，それは新しい考えのなかにではなく，精神のすみずみにまで染みわたっている古い考えから逃れることにある．

ジョン・メイナード・ケインズ
「雇用，利子，貨幣の一般理論」
1936（岩波文庫 2008）

実験 File 09　ギャンブラーの誤謬

奇跡がそんなに続くはずはないか!?

賭博と確率論のただならぬ関係

みなさん，確率論の起こりは，17世紀のシュバリエ・ド・メレという賭博師が哲学者，数学者であるブレーズ・パスカルに対して投げかけた質問に端を発し，パスカルとピエール・ド・フェルマー（フェルマーの最終定理で有名な数学者）の間の書簡で論じられたことにあるのを知っていますか．その内容については，p.100 のコラムで紹介しました．

確率論と賭博は切っても切れない関係にあります．乱数を用いてコンピュータで数値計算やシミュレーションを行う方法は，カジノの街である「モンテカルロ」の名をとってモンテカルロ法とよばれるぐらいです．

それでは，カジノに行ってルーレットでもしてみることにしましょう．実際に賭ける資金はありませんから思考実験で．

「ギャンブラーの誤謬」の思考実験

Thought Experiment

あなたはルーレットに賭けることになった。ルーレットは赤の1〜36番と黒の1〜36番、それに0と00（これは胴元の取り分）が均等になっている。ここでは簡単のために0と00はないものとする。そして、今回は、特定の数字に賭けるのではなく、赤か黒かで賭けることとする。

さて、見ていると赤が9回続けて出た。赤と黒が出る確率はそれぞれ $\frac{1}{2}$ なので、非常に珍しいことが起こっているということになる。そのようなことが起こる確率は $(\frac{1}{2})$ の9乗、計算してみると、約 $\frac{1}{500}$ だ。

さて、あなたは、その次の回の賭けに参加することにした。そして、こう考えた。「次にもし赤が出ると10回連続で赤が出ることになる。これは $\frac{1}{2}$ の10乗、すなわち約 $\frac{1}{1000}$ の奇跡が起こるということだ。そんなことは起こると思わないほうがよい。したがって黒に賭けるべきだ」。

また、こんな考えも浮かびました。「赤と黒はどちらが出やすいということはないはずだ。それなのに今まで赤は出すぎている。バランス上、もうそろそろ黒が出るべきだ。したがって黒に賭けたほうがいい」

9回連続で赤が出たのだから次は黒か!?

　前者は，単に珍しいことは起こるはずがないという錯覚で，誤りです．確率が低くて珍しいできごとも，そのほかのできごとも，すべての起こりうる可能性のある事態の確率を，全部足し合わせてやると1になるように確率は定義されているのです．確率の値はその1という値に対する割

合です．確率が低いような事態は起こらないのではなくて，確率の高い事態も確率の低い珍しい事態の寄せ集めといえます．ポーカーで，ロイヤルストレートフラッシュができることは奇跡的だといって，それが不可能なわけではなくすべての5枚のカードの可能な組み合わせは同等に珍しく，それらすべての手の確率の総和が1になっているのです．特定の手に価値を見いだすから，他のすべての手が無価値でくくられて，その無価値な手であるということの確率が高くなるだけです．

　では後者の推論はどうでしょう．これも錯覚です．ルーレットに記憶はないのです．確率論では，このように以前のできごとや他のできごとに影響されないできごとを，「独立な試行である」といいます．今まで起こったことに次の目が影響されることはありません．それに，赤と黒のバランスがとられるということもありません．確かにたくさんの回数ルーレットを行えば赤と黒が出る回数は1対1に限りなく近づいていくでしょう．確率論の「大数の法則」とはこのことをいっています．しかし，それはこの先，無限にルーレットを続けていった場合の話です．神様が今まで赤を出しすぎた埋め合わせに今度は黒を出して，固定した有限回数のなかでバランスをとるということはないのです．

　次の試行について考える場合はいつでも赤と黒がでる確

率はそれぞれ $\frac{1}{2}$ ずつです．ここに見られる錯覚を，「ギャンブラーの誤謬」といいます．

未来の見方を変える——ベイズ推論とラプラス継起の規則

ギャンブラーの誤謬という錯覚はあくまでイカサマがないことが前提になっています．もしイカサマの疑念が少しでもあったらどうでしょう．普通の統計学でも，何回も投げてみて表が80％も出たりしたら，前提としていた「表，裏が半々」という仮定が誤っていたと考え，奇跡が起こっているのではなくて，「コインは実は偏っていた」と結論づけるでしょう．

一方，同じ現象でも，ベイズ統計学・ベイズ推論という考え方では，違うとらえ方をします．今のできごとで未来の確率を変えるのです（p.110参照）．

フランス革命期の数学者・物理学者であるピエール・シモン・ラプラスは，ベイズの定理にもとづいた計算で，「継起の規則」を導いています（『確率の哲学的試論』）．それは，次のようなものです．

ある事象 E の起こる確率は一定ではあるが知られていないとする．各々の試行は独立であるとする．n 回の試行のうち E が s 回生起したとしよう．このとき次の

$n+1$ 回目の試行で E が生起する確率は $\dfrac{s+1}{n+2}$ である．

　コインを投げる前に偏りについての情報がなく，次に表が出る確率は $\dfrac{1}{2}$ と考えていたとしても，この規則によれば，はじめに表が出たら，n も s も 1 ですから，2 回目の予想としては，確率 $\dfrac{2}{3}$ で表が出ることになります．表が出たという証拠で，表が出やすいという判断に変えたわけです．

　このように，ベイズ推論では，1 回目の結果によって 2 回目の確率が変わります．普通の統計学との違いは，真の確率は固定されているものの，推論する人の確率に対する評価値（主観的確率または信念の度合い）を固定しないことです．ベイズの定理については，実験 File10 で詳しく述べています．

「逆ギャンブラーの誤謬」の思考実験

　哲学者イアン・ハッキング（1936 〜）は，「ギャンブラーの誤謬」のような未来に向かった錯覚とは逆に，過去に起こったことについての確率的推論で陥りやすい誤りを議論しました（『逆ギャンブラーの誤謬：ホイーラーの宇宙に対する人間原理』1987）．

・・・**Thought Experiment**

あなたはラスベガスのホテルに着き，まずは休養をとるために少し眠ってからカジノに行くことにした．目が覚めてふらっとカジノに行き，ルーレットを見学した．すると，あなたが入ってきたときから立て続けに9回連続して赤が出た．あなたはこう考えた．

「今ルーレットが始まったとすると，9回連続して赤が出るという確率は約 $\frac{1}{500}$ だ．これは奇跡的ではないか．しかしこう考えてみればそんなに奇跡的なことではないかもしれない．もうずいぶん前からルーレットは続いていて，何万回も行われているんだ．だからそのうちでは9回連続で赤ということがあっても不思議ではない」．この考えは正しいか？

この推論もギャンブラーの誤謬が誤りであるのと同様に誤りです．ギャンブラーの誤謬が「これからのできごとに対して過去が影響する」という意味での誤りなのに対して，逆ギャンブラーの誤謬は，「目の前の非常にまれなできごとを説明しようとして，過去に向かってつじつま合わせしようとする」推論です．今現在 $\frac{1}{500}$ の確率で起こることは，過去に同様なことが何回行われていようといまいと変わりなく $\frac{1}{500}$ の確率で起こります．

独立な試行においては，現在起こっている事象が，過去

の試行についての見込みを変えることはありません．勝手に過去を決めてはいけないのです．

奇跡が偶然ではなく必然であったなら

それでは，少し思考実験の設定を変えてみましょう．

>Thought Experiment

あなたはラスベガスのホテルに到着して，まずひと休みと思っているうちに眠ってしまった．どれくらい経ったころか，フロントから，カジノにいるお友達の所へいらっしゃってくださいと連絡があった．行ってみると，ルーレットで連続して9回赤が出るという奇跡的な事態が起こっていた．聞いてみると前からルーレットのところにいたあなたの友人が，9回連続して赤が出たらあなたを呼ぼうと決めていたのだそうだ．

さてここで，ギャンブラーの誤謬のときと同様の質問．過去に何万回も試行が行われていたのか，それとも今試行は始まったばかりなのか，どちらの可能性が高いだろうか？

この場合は，過去に非常にたくさんの試行が行われていた可能性が高いです．あなたは奇跡的な赤が9回続くというできごとを偶然目撃したわけではありません．赤が9回

続くというできごとが起こった場合にだけ呼び出されるのです．あなたが呼び出されるということは，すなわち必然として赤が9回というできごとを目撃するのです．ギャンブラーの誤謬のほうでは，あなたが連続して9回赤が出るのを目撃したのは偶然でした．しかし今度は，必ずその事態を経験するのです．

友人は，9回連続して赤が出て，あなたを呼び出せる理由ができるまで待っていたのです．9回続いて赤が出るという事態が前に起こってから，今まさに9回連続して赤が出たということになるまで，何万回友人は待ったのでしょう．それともついさっきから数え始めたのでしょうか．

そうです．正解は，ついさっきではなく，ずっと前からルーレットは続いている可能性が高いのです．今始まったばかりなら確率は$\frac{1}{500}$ですが，ずっと前からルーレットが続いているのなら，赤が9回連続するという事象はほぼ確実に起こります．つまり，友人からの呼び出しがあり，そしてそれにはある条件（赤が9回連続出たらあなたを呼び出す）がしくまれていたという情報によって，赤が9回連続で出るという事態の確率は，$\frac{1}{500}$からほぼ1へとアップしたのです．

サルのシェークスピアは奇跡か――観測選択効果

　タイプライターを叩いているのがサルであっても，それを何万年も続ければ，いつかは偶然にシェークスピアの一節が叩き出されるかもしれません．次の思考実験を見てみましょう．

Thought Experiment

　あなたが動物園のサルの檻の前に行ってみると，目の前でサルのタイプライターからソネットが打ち出されるという信じがたいことが目撃された．サルはずっと昔からタイプライターを叩いていたのだろうか，それともつい今しがた叩き始めたのだろうか．あなたはどちらに賭けるか？

　あなたがふらっとサルの檻の前に行ったときにソネットが打ち出されていたのなら奇跡ですね．サルのタイプライター叩きが今始まったのかずっと前から続けられていたのかはわかりません．しかし，あなたが動物行動学者で，動物園の飼育係が「サルがソネットを叩きだしたら，大発見だから学者さんをよばなくちゃ」と考えていて，それでよばれたのなら，ほぼ確実にサルはずっとタイプライターを叩き続けていたのです．

　このように，ある事象の観測が行われるとき，その観測

こういうことが起きたら動物学者のあなたを呼ぼうと思っていたのか

たまたま通りかかって見つけたのか

勝手に過去は決められないが，過去によって奇跡か必然かに分かれる

を行う観測者の性質や能力あるいは立場によって，そして観測がどうしてなされたのかという経緯によって，観測結果に必然的な偏りが生じることを「観測選択効果」といいます．簡単にいえば，昔は電話は金持ちしかもっていないという時代がありましたが，その時代に電話で世論調査をすれば，富裕層の意見を聞いていることになるというようなことです．

　サルの打ち出すシェークスピアの例では，観測者である

あなたが，普通の市民であってふらっと偶然にサルのところへ行って発見するのか，それともあなたが動物行動学者であってサルの異変が観察されたら必然的に報告がいくようになっているのかによって，観測結果の意味に違いが出るということです．

　哲学者のレスリー（p.127 参照）や物理学者カーター（p.132 参照）は，なぜわれわれの宇宙が奇跡的に人類の誕生にとって都合のいいパラメーターの値になっているのかは，そのような物理学的測定を行いうる人類という知的生命体が存在するからであって，そうでないパラメーターの宇宙は，たとえ存在したとしても観測者がその中で発生できないのですからないのと同じ，という形で観測選択効果（人間原理）の概念を用いています（p.133 参照）．

Conclusion

　確率論はギャンブルに対する考察から生まれました．現代社会での保険，金融，事故，政治……など，不確実性のもとでの意思決定は，日常生活も含めてすべてギャンブルだといえるかもしれません．

　実際に自分が不確実さを見積もらなくてはならなくなったとき，確率の性質について誤解していることはたくさんあります．なかでも，事象が独立に起こっているということの理解の難しさはかなり重大でしょう．それは，「ランダム」ということについての誤解ともいえます．

　この章の思考実験で見たように，期待値に近づくということは，無限に試行を続ければ結果的にその値に近づいていくということです．現在から未来に向かってその値になるべく，過去の偏りを是正するようなことが起こるのではないのです．

ド・メレの疑問

「サイコロで6の目を出す賭けをする．実際の経験では，1個のサイコロを4回投げ，そのうち1回でも6の目が出る割合は半々より多い．一方，2個のサイコロを同時に投げる場合，24回くり返し投げ，そのうち6のゾロ目を出すことは先ほどより難しい．しかし確率は同じはずである．それなのに実際には2つのサイコロのほうだと賭けに負けてしまう……」

これが，賭博師ド・メレの疑問でした．ド・メレは次のように推論したと思われます．

「1個のサイコロで6の目が出る確率は $\frac{1}{6}$ である．4回投げるからその4倍で $\frac{4}{6} = \frac{2}{3}$ となる．一方，2個を同時に投げるときゾロ目が出る確率は，$\frac{1}{36}$ である．これを24回繰り返すと，やはりその24倍で $\frac{24}{36} = \frac{2}{3}$ となり，1個の賭けのときと同じ確率である．」

これに対して，数学者フェルマーの解答は次のようなものでした．

「1回投げて6の目が出ない確率は

> $1 - \dfrac{1}{6} = \dfrac{5}{6}$
>
> である．これを4乗した $(\dfrac{5}{6})^4$ が，4回投げて1回も6の目が出ない確率である．その背反事象，すなわち6の目が1回でも出る確率は，
>
> $1 - (\dfrac{5}{6})^4 = 0.5177469$
>
> である．一方，サイコロ2個の賭けのほうでは，2個のサイの目の組み合わせ36とおりのうち6のゾロ目ではない確率 $(\dfrac{35}{36})$ をもとにして
>
> $1 - (\dfrac{35}{36})^4 = 0.4914139$
>
> となる．」

ド・メレは，経験的にはこのわずかな違いを感じ取っていたのです．しかし，計算する際に，おたがいに影響しない「独立な1回1回の投げ」では，その連なり全体についての確率は，1回投げてある目が出る確率の値のかけ算になる，ということを正しく理解していなかったのでしょう．

実験 File 10
モンティホール・ジレンマと3囚人問題

どちらが得か考えてみよう！

モンティホール・ジレンマ

アメリカのテレビで30年以上続いたゲーム番組に「駆け引きしよう」というコーナーがありました．この番組の司会者モンティ・ホール氏の名をとってよばれるのが「モンティホール・ジレンマ」です．内容は次のようなものでした．

Thought Experiment

番組参加者であるあなたの目の前に3つのドアがあり，その中の1つにはなんと豪華な自動車が入っている．残りの2つはハズレで中身はヤギという設定である．

あなたは豪華な自動車を当てようと1つのドアを選ぶ．3つのドアA, B, Cのうち，Aを選んだとしよう．すると司会者モンティ・ホールが「B, Cはあなたに選ばれなかったドアです．当たりは3つのドアのうち1つだけですから，BとCのうち少なくともどちらか一方はハズレです．あなたに関係のないドアを1つ開けてみましょ

う」と言って，まずCのドアを開いた．さて中身は……よかった，ヤギだ．実はこの司会者，事前に正解を知っていて，必ずハズレを開けるという筋書きになっている．何はともあれ，残りA，Bどちらかに自動車のチャンスがある．

ここで司会者が「自動車はAかBに入っています．あなたはAを選んでいますが，Bに変えてもいいですよ」と問いかけた．あなたは選択を変えたほうが得だろうか，それともぐらつかないほうが得だろうか？

モンティ・ホールに言われて選択を変えるべきか!?

あなたも番組参加者の身になって考えてみてください．

あなたが選ぶ3つのドアのどれが当たりかという確率は$\frac{1}{3}$ずつですね．司会者がドアCを開けてしまった後には，目の前にAとBという2つのドアがあって，それまでの経緯はともかく，その場だけのことを考えるとどちらが当たりかわからないのですから，確率は$\frac{1}{2}$ずつのような気がするかもしれません．それならば選択を変えようと変えまいと損得の違いはないでしょう．

別の考え方もできます．あなたが選んだドアAはもともと$\frac{1}{3}$だけの当たり確率をもっていました．そして司会者のドアを開けるという行為は，あなたが選んだドアとは別のドアCについて当たりの確率が$\frac{1}{3}$だったところを「確率1でハズレ」に変化させたわけです．しかし，「BかCのどちらかにはヤギが入っている」ということは，司会者がドアを開ける前からわかりきっていたことです．したがって，あなたのドアAが当たりかどうかということについて何も情報を得ていないと思えます．情報を取得していないということは，当たりの見込みも変化させませんから，ドアAの当たりの確率は最初の$\frac{1}{3}$から変化しないのではないでしょうか．Cが当たるという可能性が消えたいまや，残るドアはAとBの2つだけですから，Aが当たりでないという確率，すなわちBが当たりである確率は，考えうるすべてのできごとのどれかが起こるという確率の値1からAが当たる確率を引いたものとなります．したがって，

$1 - \frac{1}{3} = \frac{2}{3}$ が，ドア B が当たる確率です．こう考えると，$\frac{1}{3}$ と $\frac{2}{3}$ を比較して，あなたはドア B に選択を変更したほうが得のようですね．

でも本当にあなたはドア A について情報を得ていないのでしょうか……

主婦マリリンの見解

さて，あなたはどちらの推論が正しいと思いますか．それともほかの考え方があるでしょうか．多くの人は，最初の選択ドア A を変えないのだそうです．その理由として，確率は目の前の開いていないドアでイーブンであるから確率は $\frac{1}{2}$ ずつになるという，前者の推論をするようです．したがって選択を変えても損得は同じなのだが，司会者の言葉に惑わされて浮気をして失敗すると思うと悔しい．最初の選択を一貫して変えなければ，結果的に失敗しても悔しさは少ない……というような説明が多かったようです．

この「モンティホール・ジレンマ」(「3 つのドア問題」ともよばれています) が有名になったのは，『パレード』という雑誌で IQ228 のアメリカの主婦マリリンが担当する「マリリンに聞いてみよう」というコラムに 1990 年に取り上げられたことからでした．マリリンは正しくも「ベイズの定理」(p.177 参照) に一致する解が正解であるとし

ました.それは選択をAからBに変えたほうが得だという見解です.ドアBの当たり確率は$\frac{2}{3}$で,Aの当たり確率は$\frac{1}{3}$であるというものです.

マリリンの見解が雑誌に載ると,大学教授や数学者からマリリンに対する中傷誹謗の嵐が巻き起こりました.これは社会的にも大問題となって,「ニューヨークタイムズ」紙上で論争になりました.それから「スケプティカル・インクワイアー」という疑似科学的迷信を批判する雑誌でも論争となりました.最終的にモンティホールの論争は,1992年に,数学パズルや疑似科学批判で有名なマーチン・ガードナーの,ベイズ解が正しいという論文で一応終息しました.

「3囚人問題」の思考実験

実は,この「モンティホール・ジレンマ」は,アメリカでの騒動に先立って,1980年代から市川伸一ら日本の認知心理学者によって研究されていました.その目的は,確率の理解のしかた,確率の見積もりに関する発見法などを探ることでした.彼らの研究ではモンティホール・ジレンマは「3囚人問題」とよばれていました.では「3囚人問題」の思考実験を見てみましょう.

Thought Experiment

　3人の囚人A，B，Cがいる．1人だけ皇帝により恩赦になるが，残りの2人は処刑される．看守は誰が恩赦になるかを知っている．囚人Aが看守に対して，「少なくともBかCのどちらかは必ず死刑ですね．2人のうちどちらが処刑されるか教えてくれても私に何も情報を提供していないはずだから，どちらが処刑されるか教えてくれませんか」と頼んだ．そこで看守は，「Cは処刑される」と教えた．ただし，看守は嘘をつかず，またBとCの両方とも処刑される場合は確率 $\frac{1}{2}$ でどちらかの名前を答えることとする．さあ，これで囚人Aが処刑される確率は減ったのだろうか？

看守の言葉によって処刑される確率が減ったのだろうか!?

モンティホール・ジレンマと構造的には同じ状況ですね．このように数学的に同じ構造の問題を「同型問題」といいます．

ただし，3囚人問題では，BとCの両方とも処刑になる場合（モンティホール・ジレンマでいうと自分の選んだドアAが当たりの場合）に看守がどうするかという条件が，少し詳しく説明されています．実はこの条件は尤度（ゆうど）の条件というのですが，結果に響く大きな役割をもっているのです．この条件が決まらないとどちらが得かはいえないのです．

モンティホールでは，司会者がBとCのどちらを開いてみせるかの判断について何も言及されていません．ドアAがハズレであれば残りの2つのドアのどちらか一方が当たりですから，外れのほうを開ければよいと，司会者の行動は決まっています．しかし，ドアAが当たりの場合には，BもCもハズレですから，そのどちらを開くかの規定がなくてはいけません．司会者はどちらにしようか迷ったら確率$\frac{1}{2}$でBまたはCを開くとすれば，3囚人問題と同型です．この確率が尤度です．深読みすれば，尤度も番組参加者であるあなたに推測させようという意図だともいえるかもしれません．

ちなみに，モンティホール・ジレンマで，司会者もどれが当たりか知らないでドアを開いて，もし自動車が入って

いたときにはゲームはそれで終わり，と変更すると話がまったく変わってしまいます．

いずれにせよ，3囚人問題でもベイズの定理による正解「ベイズ解」は次のようになります．

囚人Aは，看守の「Cは処刑される」という言葉を聞いたあとでも，自分が恩赦になる確率は，$\frac{1}{3} \to \frac{1}{3}$と変化しません．一方，看守が言った言葉によれば処刑されるかどうかわからないで残っている囚人Bが恩赦になる確率は，$\frac{1}{3} \to \frac{2}{3}$と増えるのです．

なにか，恩赦になるという$\frac{1}{3}$だけの「福」が，処刑されることがわかってしまった囚人Cの元を去り，囚人Bに移ってしまったようですね．看守の言葉は，Aとは関係のない囚人の処刑に関するものであって，Aの生死に関わる情報ではないと考えると，A自身の福は変わらないわけですから，Cのもっていた福の行き先はBしかないですね．

はたしてこんな福の保存計算が成り立つのでしょうか？そして，看守の言葉は本当にA自身の恩赦に関する情報を含んでいないのでしょうか．たまたま，相反する効果が打ち消し合って変化なし，情報なしになっているだけかもしれません．それを検証するために，思考実験のパラメーターを少しいじくってみましょう．

「変形3囚人問題」の思考実験

3囚人問題のベイズ解より理解しがたい状況がありえます．オリジナル版ではA：$\frac{1}{3}$　B：$\frac{1}{3}$　C：$\frac{1}{3}$であった恩赦になる事前確率を，A：$\frac{1}{4}$　B：$\frac{1}{2}$　C：$\frac{1}{4}$と変更してみましょう．つまり囚人BだけがAやCよりも皇帝のお気に入りだという設定です．看守の答える尤度はオリジナル版と同じで，B：$\frac{1}{2}$　C：$\frac{1}{2}$とします．これを「変形3囚人問題」とよびましょう．

ベイズの定理によれば，「変形3囚人問題」での看守の「Cは処刑される」という言葉を聞いた後のAが恩赦になる事後確率は減少してしまい，

　　Aの恩赦確率：$\frac{1}{4} \to \frac{1}{5}$

となります．囚人Aにとって悲しむべき事態です．恩赦されるということについてのライバルであるCが脱落した

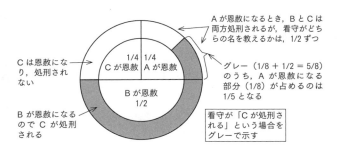

のですから，その福はAかBに移転すると考えられるでしょう．そうならば，最低限Aの恩赦確率は減りはしないような気がします．それなのにベイズ解では減ってしまっているのです．ベイズ解は理解しがたいですね．弱いライバルが脱落して，強敵が残ってしまったと考えればいいのかもしれません．

看守の言葉は情報としての価値をもたないから自分に関する確率は変わらないとの考え方なら，オリジナル版のときと同様

$$\text{Aの恩赦確率}：\frac{1}{4} \to \frac{1}{4}$$

のはずなのに……

別の考え方として，Cの恩赦確率 $\frac{1}{4}$ がもともともっていた各囚人の恩赦確率の比率で配分されると考えたらどうなるでしょうか．元来もっている恩赦される傾向に従った配分で，「福」を配分するのです（政治哲学の「比例的正義」の考え方に通じます）．看守の言葉のあとで，恩赦される可能性があるのはAとBです．その恩赦確率の比率は，恩赦確率が $\frac{1}{4}$ と $\frac{1}{2}$ でしたから，1：2です．するとCのもっていた恩赦確率 $\frac{1}{4}$ をAとBに 1：2に比例配分します．すると，次のように計算されます．

$$\text{Aの恩赦確率}：\frac{1}{4} \to \frac{1}{3}$$

さらに別の考え方として，なにがあろうと，どんな経緯があろうと，目の前に現前する2つの選択肢のどちらかわ

からないからと考えれば，

　　Aの恩赦確率：$\frac{1}{4} \rightarrow \frac{1}{2}$

となるでしょう．

　このようにオリジナル版の場合よりも，もっとバリエーションに富んだ答の可能性が出てきます．

「3囚人問題」が自分だったらどうするか？

　人は「3囚人問題」のような状況にどう反応するか，などを調べるために，多数の人に状況を思考実験してもらって自分自身だったらどう行動するかを回答してもらうことを，「心理実験」といいます．「3囚人問題」の市川と下條による心理実験では非常におもしろい結果が得られています．

　変形3囚人問題において，Aが看守の言葉を聞いたあとに恩赦になる事後確率の回答は，31人の被験者について次のとおりでした．

　　$\frac{1}{3}$：20人，$\frac{1}{4}$：5人，ベイズ解である$\frac{1}{5}$：1人，その他：2人．

　また，先入観を与えないために，問題文に「情報は提供していないことになるから……」というような文言を入れないで行った心理実験では，54人の被験者で次のようになりました．

$\frac{1}{2}$:6人,$\frac{1}{3}$:29人,$\frac{1}{4}$:10人,ベイズ解の$\frac{1}{5}$:1人,その他:8人

このように,人間にとってベイズ解は受け入れがたい場合があるようです.

確率は気分しだい？──主観解釈と客観解釈

「モンティホールジレンマ」と「3囚人問題」は同型問題だといわれますが,大きな違いもあります.それは確率の解釈の問題で,確率をある事象が起こる信念の度合いとみる主観解釈と,物理的な相対頻度であるとする客観解釈との区別です.この2つの確率の側面ははっきりと分けられるわけではなく,また補い合う面もあるので,「ヤヌスの双面」などと比喩されることがあります.ちなみに,ヤヌスとは頭の前後に顔をもつ神で,1月のジャニュアリーの語源になっています.去年と今年の両方を見ているというわけです.

さて,モンティホール・ジレンマのほうは主観解釈でも客観解釈でも取り扱えます.3囚人問題のほうは,論者によって意見の相違があるでしょうが主観解釈で取り扱うべきものです.客観解釈はくり返しその問題の同じ状況が生まれるなかで,多数回の統計を取って相対頻度を考えるというものです.一方,主観解釈は,ただ一度しか行われる

ことのない状況のもとでの決断に関係した確率も扱えます.

「モンティホール・ジレンマ」や「3囚人問題」の数学的解を計算したベイズの定理はまさに主観解釈で扱う確率,すなわち信念の度合いを計算する定理です.「3囚人問題」は一生に1回の状況に関する推論です.当然,助かるという信念の度合いを取り扱うことになります.いいかえれば,次の1回にどうなるかという問題なのです.

最後に,「モンティホール・ジレンマ」を3つのドアではなくて,100のドアだとしたらどうなるか考えてみましょう.

どのドアも当たり確率は $\frac{1}{100}$ とします.あなたはドア1を選択します.すると司会者が残りの99のドアのうちハズレであるドアを1つ開ける.司会者がこの行為を98回くり返します.そうして,あなたの選んだドア1と,98回のハズレドアを開くくり返しの果てに残ったドアxの2つが残った状況になります.このときドア1とドアxのどちらが当たり確率が高いでしょうか.

このような変更をすれば,ドアxのほうがはるかに当たる確率が大きく,あなたは選択を変えたほうが得なのはベイズの定理によらなくても,直感的に明らかですね.98のドアはランダムに開けられているわけではなく,司会者は当たりドアを開けるわけにはいかないのでドアxを開けるのを避けているのです.出場者の気持ちになって考えて

みてください．

受け入れがたいことが多いベイズ解ですが，思考実験の舞台設定を変えると大きく正解率が上がる場合があることがわかりますね．

「モンティホール・ジレンマ」の提起したことは，確率は経緯依存なものであるということでしょう．確率の解釈問題のよい題材にもなりました．

> ## Conclusion
> 「モンティホール・ジレンマ」は，確率の見積もりについて，ベイズの定理による判断を納得することの困難さを研究するために，心理学でよく用いられてきた題材です．思考実験のパラメーター設定をいろいろに変えてみて，確率の大小に関する主観的な感じ方の癖を探ります．また，思考実験の舞台をまったく別の世界に変えたらわかりやすくなるか，という「題材効果」の研究対象でもあります．一方，哲学の問題としては，くり返すことのできない1回限りの事象についての確率の解釈，という大問題にかかわる格好の材料でもあります．

ベイズの定理

ここに袋1と袋2があるとします。袋1には30個の赤玉と70個の白玉が入っています。一方、袋2には70個の赤玉と30個の白玉が入っています。さて、あなたは目をつぶってどちらかの袋をつかみました。次にその袋から1個の玉を取り出しました。するとそれは赤玉でした。

このとき、あなたがつかんだ袋は袋1だったのでしょうか、それとも袋2だったのでしょうか。当然袋2であった可能性が高いですね。袋1であったならば赤玉の出る確率は $\frac{30}{100}$ ですが、袋2であったならば $\frac{70}{100}$ の確率で赤

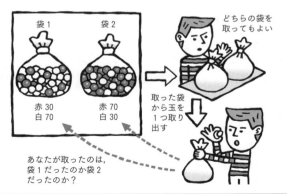

「ベイズの定理」では取得されたデータからもととなった原因を推論する

玉ですから、当然ですね.

　このような推論を定量化するのが、18世紀にイギリスの牧師トーマス・ベイズによって発見され、フランスの数学者ピエール・シモン・ラプラスによって一般化された「ベイズの定理」です.上の例の場合でいうと、どの玉が出たかを「データ」といい、どちらの袋だったのかを「仮説」といいます.取得されたデータから、そのデータが生み出される原因を推論する、いわば結果から原因の確率を推論する形式で、「確率の逆算法」ともいわれます.

　ちなみに、ベイズの定理の公式は次のようなものです.

$$p(B \mid A) = \frac{p(B \mid A) p(B)}{p(A)}$$

　縦棒の右が条件で、左がその条件の下での事象を表しています. $p(B \mid A)$ は、
「AであるときBとなる確率」ということです.

　では、左ページの例の場合を見てみましょう.ただ単に、つかんだ袋が袋1か袋2であるかなら、確率は $\frac{1}{2}$ ずつですので

$$p(袋1) = \frac{1}{2}, \; p(袋2) = \frac{1}{2}$$

となります.これを「事前確率」といいます.どの袋をつかんだのかという仮説、そして原因の確率です.次に、原

因の結果としてデータが得られます．どの原因だったら結果はどうなるかを，尤度または条件付き確率といいます．

$$p(赤玉 \mid 袋1) = \frac{30}{100}, \quad p(白玉 \mid 袋1) = \frac{70}{100}$$

$$p(赤玉 \mid 袋2) = \frac{70}{100}, \quad p(白玉 \mid 袋2) = \frac{30}{100}$$

となります．このとき，赤が出たというデータをもとに，それが袋2からだった仮説の確率はベイズの定理により

$$p(袋2 \mid 赤玉) = \frac{p(赤玉 \mid 袋2)\, p(袋2)}{p(赤玉 \mid 袋1) p(袋1) + p(赤玉 \mid 袋2) p(袋2)}$$

と計算されます．数値を入れて計算すると，0.7となります．この左辺のことを「事後確率」といいます．縦棒の左右が，等号の左辺と右辺では逆になっていることに注意して下さい．

　ベイズの定理は，データによって仮説の確率を事前確率から事後確率に「ベイズ更新」するものなのです．

実験 File 11
ニューカム問題と囚人のジレンマ

現在の行いで過ぎ去った過去を変えられるか!?

「舌切り雀」も思考実験だって？

 ここでちょっと子どものころに戻ってみましょう．誰しも一度は読んだなつかしい昔話や童話の数々．実はあのなかにも思考実験を連想させるおもしろい題材があるのです．「舌切り雀」という昔話を知っていますか．心優しいおじいさんと欲張りなおばあさんが飼っていた雀のちょっとした粗相によってお宝騒動に発展し，最後は欲張りなおばあさんを戒め，道徳を説くという内容のお話です．いったいこのお話のどこに，思考実験に通じる部分があるのでしょう．

 物語中のおじいさん・おばあさんになりきって考えてみましょう．ある日，飼っていた雀が粗相をしたので，怒ったおばあさんは雀の舌を切ってしまったところ，雀が逃げ出してしまいました．それを知ったおじいさんはたいへん心配し，雀が逃げた藪の中を探し回りようやく雀と再会．

心優しいおじいさんに感謝した雀は,おじいさんを踊りやご馳走でもてなし,帰り際におみやげまでくれました.

さあ,ここで問題! 雀は大きなつづらと小さなつづらを差し出し,「どちらかお好きなほうを持って帰ってください」と言ったのですが,あなたならどちらのつづらを選びますか? 物語では,おじいさんは小さなつづらを選び,結果,中身は小判がザクザクでした.

次はおばあさんの番.おじいさんの話を聞きつけた欲張りなおばあさんは雀のところへ強引にのりこみ,踊りもご馳走もいらないから,さっさとみやげを持ってくるように言いました.すると雀はおじいさんのときと同じように,大きなつづらと小さなつづらを差し出したのですが……さて,おばあさんはどちらのつづらを選んだでしょう.欲張りなので大きなつづらを選び,中身はお宝ではなくムカデやクモやヘビでした.

この「舌切り雀」と似た設定の思考実験を,アメリカの政治哲学者ロバート・ノージック(1938～)は,物理学者ニューカムから聞いた問題だとして提出しています(1969年,『ニューカム問題と選択の2つの原理,ヘンペル記念論文集』).その主旨は,人間が行う選択の原理として,「優越戦略」と「期待効用最大原理」のどちらが妥当かを,その2つの原理が違う選択をするような状況を設定して議論するためでした.これは経済学の分野であるゲーム理

論にも関連する問題です．

またこの問題は「完全な予知に関するパラドックス」にも関連します．この観点はプロテスタントの教義である「予定調和説」にかかわる問題で，日本人には理解が難しい内容でもあります．

さらには，現在の行動が過去のできごとの原因になることができるかという，「遡及因果」を考えさせる問題でもあります．

「ニューカム問題」はいろいろなことを考えられる思考実験であることがおわかりいただけると思います．難しい用語が並びましたが，その中身は，これから思考実験の内容とともに説明していきます．

ニューカムの思考実験

まずは，ノージックの提案にしたがってこの思考実験を見てみましょう．

Thought Experiment

あなたの目の前に2つの箱AとBがある．Aには10万円入っている．Bには1億円入っているかもしれないが，空かも知れない．中身は見えない．あなたは両方の箱AとBを取ってもよいし，箱Bだけを取ってもよい．中身はすべてあなたのものである．しかし，ここに一つ

問題がある．箱の中身の提供者デーモンは，あなたが箱Bだけ取ると予知した場合のみBの中に1億円入れる．あなたが両方の箱を取ると予知したときには箱Bは空のままにしておくのである．デーモンの予知は非常に高い確率で当たり，そのことをあなたも十分知っている．この設定を表にしてみると

	予知「2箱取る」	予知「1箱取る」
あなた：2箱取る	10万円	1億10万円
あなた：1箱取る	0円	1億円

ということになる．何も条件がなければ2箱とも取ったほうが得だが，デーモンの予知が登場してややこしくなってきた．

いったい，この思考実験は何を意味しているのだろうか？

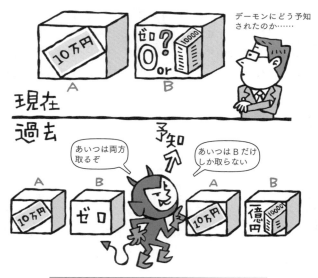

欲張ったほうが得か，慎ましくしたほうが得か

箱Bだけを取ったほうがいい？——期待効用最大原理

 「ニューカムの思考実験」は，「舌切り雀」のような道徳論とは違って，ゲーム理論の枠組みで議論できます．ゲーム理論とは，合理的なプレーヤーが，対立する状況下で複数の戦略からどの戦略を採用すべきかを考察することを通して，人間行動を見ていくものです．万能の数理科学者フ

ォン・ノイマンや,映画『ビューティフルマインド』でその生涯が描かれた数学者ジョン・ナッシュの名前と結びつけて語られる経済学の一分野です.そのゲーム理論には,規範的な解として「期待効用最大原理」というものがあります.

期待効用とは,確率的な状況においてある選択肢をとった場合,平均的な利得はどれだけになるかを計算したものです.それが最大であるような戦略を採用すべきだというのが「期待効用最大原理」です.この原理にしたがって,先ほどの「ニューカムの思考実験」を計算してみます.

デーモンの予知が当たる確率を90%とします.デーモンに欲張りだろうと予知されてしまうと,あなたが欲のない選択をしようがしまいが箱Bに1億円はありません.逆にデーモンがあなたは欲のない行動をするだろうと予知したら,たとえあなたが欲張っても1億円は箱Bにあるのです.

まず,あなたが箱Bだけ取るという選択をする場合の期待効用を計算してみましょう.予知が当たった場合にはデーモンは箱Bに1億円を入れてあったはずです.すなわち確率90%であなたは1億円受け取れます.予知が外れた場合は,デーモンはあなたが2箱とも取るだろうと予知したということで,箱Bには何も入っていません.したがって確率10%であなたは0円受け取ります.あわせるとあ

なたは平均して 9000 万円受け取れます．

一方，あなたが 2 箱とも取るという選択をした場合はどうでしょうか．デーモンが，あなたが 1 箱だけ取るだろうと予知していた場合は，箱 B には 1 億円入っていますから箱 A の 10 万円と合わせると 1 億 10 万円です．これは予知が外れた場合ですから確率 10% で起こります．一方，あなたが 2 箱とも取るだろうと予言した場合は箱 B には何もありませんから 2 箱合わせても 10 万円です．これは 90% の確率で起こります．したがって平均すると，1010 万円手に入ります．

もし，予知は完全（当たる確率が 100%）だとすると，上の表の右上と左下のケースは起こらず，期待効用は，2 箱取って 10 万円か，箱 B のみをとって 1 億円かのどちらかしか起こりません．

これらを比べると，箱 B だけ取るという選択をしたほうが得ということになります．でも，本当にそう考えていいのでしょうか……

両方の箱を取ったほうがいい？——優越戦略

別の考え方を見てみましょう．今ここにある箱の中身は，すでに決定していて，箱を開く直前にあなたが気を変えようとも変わるはずがありません．もうすでにデーモンが予

知して決定したときから決まっているのですから．

 そう考えると，予知のいかんによらず，すなわち箱Bに1億円があろうとなかろうと，あなたの戦略としては，2箱とも取るほうが1箱だけ取るより，10万円だけ得です．0円か10万円の違いか，または1億円か1億10万円かの違いですから，どちらの場合でも10万円だけ得です．

 このようにどのような状況が起ころうとも，起こった状況の中ではいちばん得になっているという戦略を「優越戦略」といいます．

 「優越戦略」の話を聞くと，ニューカムの思考実験で「期待効用最大原理」を選ぶのはばかげているように感じられますね．実際，アメリカの科学雑誌「サイエンス」の記事によれば，ニューカムの思考実験で「期待効用最大戦略」を選ぶという人と「優越戦略」を選ぶという人の割合は2対5だったそうです．

 人間，最低限どれだけの物が確保できるかが気になるものです．相手がどんな戦略で来ようとも，一番被害が少ない結果をどんな場合でも保証してくれる戦略があればそれを選びたくなるのでしょう．

やっぱり箱Bだけがいい？——くり返し型ニューカム実験

今までの話は，ニューカム実験が一生で1回だけ行われるということが暗黙のうちに仮定されていました．ここで，実験は1回限りではなく，毎週くり返されるとしてみましょう．実は，この設定だと，「期待効用最大原理」から箱Bのみを取るという戦略が得なことが納得できるのです．

くり返し実験を行えば，予知の当たる確率が90%だとすると，その90%当たることが長年の経験で保証されているわけですから，選択の当事者がそれぞれの選択のときにどのように感じようとも，予知が外れることは10%になっていくはずです．そうすると，先ほど計算したように，箱Bのみを取り続ければ，1回の実験あたり平均で9000万円受け取れます．両方の箱をとり続けると1回の実験あたり平均で1010万円になるのです．

「囚人のジレンマ」の思考実験

ここで，もう一つ思考実験を紹介します．ゲーム理論に「囚人のジレンマ」という問題があります．それは次のようなものです．

Thought Experiment

　囚人AとBがいる．2人は共犯だが，別々に取り調べを受けていて，それぞれ自白を促されている状態である．2人ともがんばって黙秘を続ければおたがい2年で出てこられる．もしどちらかが裏切って自白した場合，司法取引が成立して自白したほうは無罪，黙秘したほうは懲役12年になってしまう．両方とも裏切りあって自白した場合は2人とも懲役8年である．もちろん2人の囚人はおたがい相談することはできない．

　利得表は下のようになる．あなただったらどうするだろうか？

A \ B	自白（裏切り）	黙秘（協力）
自白（裏切り）	8 / 8	12 / 0
黙秘（協力）	0 / 12	2 / 2

表中の数字は懲役年数．

　囚人1人という個人の観点からは，裏切りが最適な戦略です．前ページの表のとおり，相手の囚人がどちらの出方

裏切ったほうが得か，協力したほうが得か

をした場合でも，裏切ったほうが自分の懲役は少ないのです．しかし，2人とも黙秘するという協力戦略をとれば，2人の合計（社会全体）で考えると，短い懲役ですみます．

「囚人のジレンマ」は，個人の最適と，社会全体の最適の間のジレンマを示唆します．社会的に見ると非合理な選択をして，共倒れになってしまうのはなぜかを研究するための道具です．

実際，「囚人のジレンマ」の心理実験をすると，裏切り

戦略をとる人がほとんどです．しかし，「囚人のジレンマ」を何回もくり返す設定にして心理実験を実行すると，協力が発生することが知られています．政治学者ロバート・アクセルロッドはくり返し型「囚人のジレンマ」のコンピュータシミュレーションコンクールを催し，参加者たちのプログラムを競わせたりしました．

「ニューカムの思考実験」で箱Bのみ取るという期待効用最大戦略に対応するのが，「囚人のジレンマ」では協力行動である黙秘戦略です．一方，「ニューカムの思考実験」で両方の箱を取るという優越戦略が，「囚人のジレンマ」では裏切り行動である自白戦略に対応します．

「囚人のジレンマ」では自白戦略という裏切り行動は共倒れになる非合理的な戦略とされるのですが，くり返しのない「ニューカムの思考実験」では，そのほうが合理的とも思えます．「ニューカムの思考実験」と「囚人のジレンマ」の違いは，前者はデーモンとあなたの選ぶ戦略決定には時間の前後があるのに対し，後者では同時であるということ．それに前者ではあなたの戦略とデーモンの選択には時間を超えた高い相関があることです．

ちなみに「ニューカムの思考実験」を，次のように，予知が当たるか当たらないかで整理した表に書いてみたらどう感じるでしょう．

	予知当たる	予知はずれる
あなた：2箱取る	10万円	1億10万円
あなた：1箱取る	1億円	0円

　デーモンの予知が当たる確率はきわめて高いので，この表では，ほとんど確実に左の列が起こります．右の列はほとんど起こり得ません．こうすると，箱Bのみとって1億円を手に入れるほうが合理的な気がしてくるでしょう．優越戦略の2箱取るというのでは，ほぼ確実に10万円ですから，期待効用最大戦略のほうがよいように見えますね．

　しかし，箱の中にいくら入っているかはすでに過去に決まっています．取る箱をBだけにしようが，欲張って箱Aも取ろうが，箱を開ける時点で中身は変わりませんから，両方取ったほうが必ず箱Aの10万円分だけ多くなるはずです．おかしいですね．

もし時間をさかのぼって影響するなら──遡及因果

　前述の表からの考察やくり返し設定からの考察のほかに，箱Bのみ取るという行為を合理化できる考え方があります．それは「遡及因果」という考え方です．ふつう，因果とは，過去から現在へ，現在から未来へと時間の順に結果を生じ

るものです．それが逆になる．現在の行為がすでに決定している過去に影響できるという考えを「遡及因果」といいます．

「遡及因果」の考え方を受け入れるなら，あなたが箱Bのみを取るという行為は，過去に「遡及因果」し，デーモンに1億円を箱Bに入れさせるように働きかけるでしょう．

ここまで強く過去に影響できると思わなくても，次ページで紹介した「カルヴィニストの勤勉」のような感じ方での行動というのはあり得るでしょう．「カルヴィニスト」の場合は神の決定と自分の勤勉な生活の調和ですし，「ニューカムの思考実験」ではデーモンの決定と自分の選択の調和です．「囚人のジレンマ」も相手の囚人との調和といえるかもしれません．

この「遡及因果」を受け入れるなら，あなたが箱Bのみ取ろうという気になっていることはよい知らせなのです．きっと1億円が入っています．

> ## Conclusion
>
> 　原因は必ず結果に先立たなければならないのでしょうか．もしかすると，原因と結果とは，観察される世界の側にある性質なのではなく，観察する人間の側の，世界を理解するやり方なのかもしれません．そうだとしたら「現在が過去に影響を与えることができる」という遡及因果の考え方も一概にばかにはできないでしょう．
>
> 　ニューカム問題は，心の中での，過去のできごとと自分の現在の行いの間のつじつま合わせについての思考実験なのです．そして，完全に近い予測と自由意思の矛盾ということが引き起こす困難を指摘している思考実験でもあります．

カルヴィニストの勤勉

あなたの現在の行為が過去のできごとの原因になることができるという考え方を,「遡及因果」といいます.「遡及因果」について哲学者のアルフレッド・エアは「カルヴィニストの勤勉」という次のような話を提出しました. これは単なるたとえ話ではなく, プロテスタントの教義である予定調和説にもとづく, プロテスタントのエトス（気風・倫理）です.

「カルヴァン派は運命予定説を信仰している. それによると, 彼らの神は彼らの誕生以前にすでに, 彼らが救済される側か, または地獄に落ちる側か決定してしまっている. しかし, 自分が救済されるかは死後になって初めてわかるのである. どう生きようと天国か地獄かは変わらない.

しかし一方で彼らは, 神の選んだ人のみが誕生後勤勉に生きられると信じている. すると, 彼らの信念によれば選民の一人であることが現在勤勉であることの必要条件である. ということは, 勤勉であることは選民であることの十分条件となる.

彼らは自分は生まれる前に神に救済されていた, とするために現在勤勉であろうとする. すなわち, 過去に下され

た決定を確かにするために，現在の行為を行うのだ」

　これはすでに決定してしまっている過去完了である神の選択と，現在の自分の行動の調和を重んじる考え方です．「調和はあるべき，いや必ずあるはず……それなら自分が勤勉でいられるのは，天国に行けるグループの一員である証拠だ！」ということです．

　でも，もう決まっていることなら神様にも変えられないのですから，これからサボっても大丈夫なのではとも考えられます．さあ，あなたはどう考えますか？　ちなみに，次の話も，「遡及因果」の例といえるでしょう．

　「タイタニック号が沈没したというニュースだ．乗客はほとんど死亡だそうだ．わたしはサウサンプトンから乗船したはずの娘夫婦の名前が，これから発表される乗客名簿に載っていないように，必死で祈った」

実験 File 12
4枚カード問題とヘンペルの室内鳥類学

法則が成り立つ例よりも
成り立たない例がたいせつ⁉

ウェイソンの「4枚カード問題」

　行動経済学や認知心理学で，人間は意思決定に際して合理的な判断ができるかという問題について，引き合いに出される事例がいろいろあります．その一つに認知心理学者ピーター・ウェイソンの「4枚カード問題」があります．

　これは，ある場面で法則が成り立っているかどうかを判断する思考実験です．人間は法則を確認するときに，その法則が当てはまる例を探すことがたいせつだと感じる一方，法則が成り立たないかもしれないと考えて反例をさがすことには熱心にならないという，「確証バイアス」に関するものです．

198　Ⅲ　確率と可能性のロジックを探る！―数学・論理の思考実験

Thought Experiment

　カードが4枚あり，すべてのカードの表面にはアルファベットが，その裏面には整数が記入されている．次の法則が成立しているかどうか判断するためには，どのカードをめくる必要があるだろうか？

●法則：「母音の裏側は必ず偶数である」

ぱっと言われると，Eと8のような気がしないでしょうか．しかし論理的に考えてみると，次のようになります．

- Eは母音である．したがって法則が成り立つには裏が偶数かどうか確かめなくてはならないので，めくらなくてはならない．
- Sは子音である．子音の裏がどうかは法則に書かれていないから何であってもよい．したがってめくる必要はない．

- 8 は偶数である．このときもし裏が母音ならば法則は成り立っている．またもし裏が子音だったらどうかというと，法則は子音の裏に何があるか規定していないので，法則に抵触しない．したがって 8 は裏が何であってもかまわないからめくる必要がない．
- 5 は奇数である．裏が母音なら法則に反する．裏が子音ならば，法則は子音の裏について何も言っていないから法則は成り立っていると言える．つまり，5 の裏が母音か子音かで法則の正否が分かれるので，めくらなくてはならない．

結局めくらなくてはならないのは，E と 5 です．正答率は，欧米の文献では 5%〜10% だそうです．日本では，高校生だと欧米と同様，前もって引っかかりやすい問題だと注意をされた論理学を学んだ大学生で，文系で 30 〜 50%，理系で 70 〜 90% という報告があります．

この問題は次のように設定を変えると劇的に正答率が上がります．

Thought Experiment

4 つの封筒が下図のように置かれている．次の前提とルールがあるとき，郵送できるかどうか確認しなければならないのはどれか？

- ●大前提:「封書は封印してないならば50円切手で郵送できる」
- ●ルール:「密封してある封書は80円切手が必要である」

　これならすぐわかりますね．封印していないなら50円でも80円切手でも（無駄ですが）かまわない．80円切手が貼ってあるなら封印のあるなしにかかわらず大丈夫である．したがってこの2者は確認の必要がありません．一方，封印してあるのならば，もし50円切手だと配達できませんから確認が必要です．また50円切手だと，封印していない場合は大丈夫ですが，封印してあると配達できません．したがって，封印してある封筒と50円切手を貼った封筒の2者は，ルールどおりになっているか確認が必要なのです．

　人間が何人かいて，「20歳以上だったら，酒を飲んでもよい」という規則があるときも同様です．酒を飲んでいない人の年齢を確かめたりしないでしょうし，20歳以上の人が酒を飲むかどうか追跡したりもしないでしょう．

このような設定にすると正答率が上がるのは，日常生活に近くて慣れているからという気がしますが，最近では，社会生活を営む生物として規則違反を見つけることに敏感であるように人類は進化してきたという，「社会契約説」で考えるのが有力です．かなり複雑な規則でも，ルール違反の「ただ乗り」「抜け駆け」は簡単にチェックされてしまうというわけです．

論理学で考えてみると

「4 枚カード問題」の思考実験の意味を，論理学の観点から，解き明かしてみましょう．ある命題に対して，論理学では次のように考えます．

命題：	母音	⇒ 偶数	【E を調べる場合】
逆命題：	偶数	⇒ 母音	【8 を調べる場合】
裏命題：	母音でない⇒偶数でない（子音⇒奇数）		
			【S を調べる場合】
対偶命題：	偶数でない⇒母音でない（奇数⇒子音）		
			【5 を調べる場合】

命題が正しくても，逆命題と裏命題は必ずしも正しいとはいえないのです．しかし前提と結論のそれぞれ否定を考

え，その前提と結論を入れ替えた「対偶命題」は必ず正しいというのが，論理学で真っ先に学ぶところです．

日常生活でも「逆必ずしも真ならず」といいますね．「ある条件Aを満たすならば必ず条件Xを満たす」という法則があったとしても，逆の「条件Xを満たしてるが条件Aは満たさない」ものがあっていいわけです．だから，ある法則が成り立っていても，逆の法則は必ずしも成り立たない（成り立つ場合もある）ことは当然なことです．

しかしわれわれは，「母音⇒偶数」であれば「子音⇒奇数」ということも暗黙のうちに意味していると，勝手に思い込んでしまいがちです．

必ず成立しているべきその命題自身と，対偶命題については，対象をすべて調べなければ確かめられません．一方逆命題，裏命題は必ずしも成り立たない，言い換えれば成り立っていなくてもかまわないのですから，それに相当する8とSはめくらなくても（めくっても）いいのです．

こうしてみると，4枚カード問題で生じるまちがいは，命題の，逆，裏，対偶についての錯覚にもとづいていることがわかるでしょう．

ところで，法則に当てはまる事例を探したがるという傾向を「確証バイアス」といいます．法則に当てはまる事例が増えていけば，法則の信頼性は増します．しかし，いくら確証事例が増えても，例外があるかもしれないという疑

いや，これまでに調べた例は偏ったものだったかもしれないという疑いは，完全にはぬぐえません．それに対して，法則に当てはまらない例，すなわち反証事例は1つでもあれば法則は否定されますから，とても強いです．確証はきりがないのに，反証は一発なのです．このことにもとづいて，科学哲学者のカール・ポパー（1902～1994）は「反証主義」を唱え，科学的な法則は反証可能なものでなければならないという基準を提唱しました．そもそもはじめから反証できないような命題は「科学的」とはいえないのです．

ヘンペルの「室内鳥類学のパラドックス」

科学哲学者カール・ヘンペル（1905～1997）が提出した「室内鳥類学のパラドックス」という話があります．

一般的に成り立つとして提出された科学法則が，それを肯定する証拠によって確証されていく過程を，確率論のベイズの定理（p.110参照）を用いて，証拠が仮説の確からしさをだんだん高めていく過程だとする考え方があります．いわゆる，肯定事例を列挙することによる帰納法です．しかしそのような確証過程を，元の法則と論理的に等価である対偶命題を確証するということと組み合わせると，とても変な状況になるということを示した問題です．

・Thought Experiment

　4枚カード問題で見たように，元の命題が正しければ対偶命題も必ず正しい．対偶命題が正しければ元の命題も正しい．したがって，対偶命題の信憑性を高めていけば，元の命題の信憑性が高まることになる．

　こう考えて，「すべてのカラスは黒い」という法則を証明しようとした鳥類学者が，カラスのいない部屋のなかで，対偶命題「黒くないものはカラスではない」ことを調べていく．「このコップは緑色である」すなわち「黒くなくて緑色であるこのコップは，カラスではない」，「この椅子は茶色く，カラスではない」，「あの花は赤く，カラスではない」などと観察例を枚挙して，室内でカラスについての鳥類学を研究している．

　この鳥類学者は，確かに対偶命題を調べている．論理的にはまちがっていないはずだ．「黒くないものはカラスではない」という法則の確証度はどんどん上がっていく．すると，論理的に等価な「カラスは黒い」という法則の確証度も上がっていくはずである．しかし，これはおかしいような気がしないだろうか？　どこかがおかしいのだろうか？　対偶を確証するという論法がいけないのだろうか？　それとも人間の直感が論理的ではないということなのか……

黒くないものを調べればカラスが黒いことがわかるのか

「室内鳥類学」はどこがおかしいのか

結論からいいますと，考察の対象になっているすべての存在のうちで仮説に現れる対象の占める割合が問題なのです．

カラスとカラスでないものとでは，カラスでないもののほうが圧倒的に多いのです．また黒いものと黒くないものでは黒くないもののほうが多いでしょう．元の命題は

特別なある生物（カラス） ⇒ 特別な色（黒）

です．それに対して対偶命題は

特別なある色でない（黒でない）⇒ 特別なある生物ではない何か（カラスでないもの）

すなわち

　　容易に見つかるある色　⇒　そこら辺にある普通のもの

を調べる作業をするのです．つまり，このことに当てはまる例を枚挙するのです．この作業は元の命題に合致する例を探すよりも圧倒的に易しいですね．しかし，すべての「黒くないもの」を調べ尽くすことは，その数からして圧倒的に困難であり，多少の数を調べたところで全体から見るとわずかしか調べていないことになります．この割合の差が原因で変な状況となってしまうのです．

　また，別のおかしな点もあります．ヘンペルの室内鳥類学者は「すべてのカラスは黒い」の対偶命題を確証することによって，「すべてのカラスは黄色い」も確証してしまうことになるのです．室内で青いものを探して「黒くないもの」の確証例としていくなら，それは同時に「黄色くないもの」の確証例にもなっています．だから，「カラスは黄色い」が「カラスは黒い」と同様に確証されてしまうのです．

　しかし，このヘンペルの「室内鳥類学」は，世界にある対象の数が少ない場合には，おかしくないことがわかります．世界に動物がカラスと白鳥とウグイスがそれぞれ10羽ずつしかないとしましょう．色はカラスが黒で，白鳥が白，ウグイスが緑だとします．このとき，「すべてのカ

ラスは黒い」を確かめる作業と,「黒くないものはカラスではない」, いいかえれば「白いものか緑のものであるならば白鳥かウグイスである」を確かめる作業とが等価であることはすぐ納得できるでしょう.

カラスを1羽も調べることなくカラスについての性質を結論することなどできないと思った方もいるかもしれませんが, このように対象の範囲が限定されているならば, 1羽のカラスも調べることなくカラスの色を研究することができるというのも変ではありません.

「自然の斉一性」と「枚挙的帰納法」と「反証」

「すべての○○は△△」を証明するのは難しい

　ところで,「すべてのカラスは黒い」という仮説を証明しようと思ったら, 普通は, カラスをたくさんつかまえて（あるいは観察して）黒いことを確認していく作業をすることで仮説の信憑性が高まっていきます. 今まで観察されたすべてのカラスが黒かったならば次に観察するカラスも黒いだろう. このように帰納的に推論できるわけです. この「すべて」の中にはまだ存在していないカラスも含まれます. 100年後に生まれるであろうカラスについてもそう予測されるということです. しかし, 実は, こういうことを考えると決して完全には証明されないということがわかります.

　日常生活においても科学でも, 世界の観察から法則を学び取り予測に役立てるという行為が常日ごろ行われています. 今日太陽は東の空から昇った. 昨日も同様であった. 一昨日も同様であった……, だから明日の朝も太陽が東から昇るであろう. 白鳥は白いものだ. 今まで見た白鳥は白かったのだから次に見つける白鳥も白いだろう, などと予測するという意味です.

　でもこんなことだってあり得ます. ヒヨコが朝, 人間から餌をもらった. 昨日もそうだった, 一昨日も……, だから明日の朝も人間から餌をもらえるはず. ところがある朝

になってみたら人間が来て餌をくれるどころか食べてしまうために殺されてしまった……

過去の経験から，それまでと同様のことが将来も起こるだろうと考えることを，「自然の斉一性」といいます．自然界に起こることはでたらめに起こるのではなくなにか秩序がある．特段のことがなければ，いつ，どこでも，過去にくり返し起こったことは同様に起こるという考え方です．

「すべての○○について△△のことがいえる」という形（「普遍命題」といいます）の法則や仮説を主張するには，世界を観察して法則にあてはまる事例をたくさん集めなくてはなりません．これを「枚挙的帰納法」といいます．あてはまる事例が多ければ多いほどその法則が成り立つであろうという妥当性は高まっていきます．しかしもし，その法則にあてはまらない事例が1件でも発見されたならば，その法則あるいは仮説は成立しません．これを「反証」といいます．

4枚カード問題では，論理的推論ができるかということが焦点でしたので，それぞれの命題区分を代表する有限個（4枚）のカードだけを用いました．それではもしカードが非常に多くあったらどうでしょうか．できるだけ多くのカードをめくって法則が成り立つことについての信憑性を高めていかなくてはなりません．それでも，有限個なら必要なカードについて調べれば検証を終えることができます．

では，無限個だったらどうでしょうか．無限個というのは実在しないと考える人もあるでしょう．しかし，「これこれしかじかの性質をもつものならば，以下のことが成り立つ」というような法則だったら法則の対象が有限個とはいえません．調べる対象の数が増してくればくるほど法則の信憑性は増してくるわけですが，反例が1つでも出てくればその法則は破れてしまいます．つまり，反証するのは可能ですが，完全に証明するのは不可能なのです．

ところで，先ほどの室内鳥類学で証明したい命題が「ほとんどのカラスは黒い」であったらどうでしょうか．このような確率的な命題は反証されるということがありません（反証例が挙げられても，ものすごく低い確率のことが起こったと言い張れます）．この場合は対偶をとるというのは適切ではありません．

また，「カラスの90%は黒い」だと確証するのはカラスのなかでの黒いものの比率ということになってしまい，話はまた別の難しさを帯びてきてしまいます．

> ## Conclusion
>
> 　法則を確かめようとするとき，該当する事例を探してしまう．積極的に反証例を探そうとはしない．これがわれわれの習性です．反証は一発でできますが，完全に確証しようといくら該当する事例を集めてもきりがありません．
>
> 　ヘンペルの提出したパラドックスは，「すべての○○に対して△△である」という命題を確証しようとするときの問題点を，その命題と論理学的に等価な対偶命題を確証することに置き換えて実行しようとする状況に身を置いて体感させようとしたものでした．一般に成り立つことを主張する法則を確証する場面で，どのようなことに注意しなくてはならないかを，わかりやすく考えさせてくれる思考実験です．

実験 File 13
ケインズの美人投票ゲームと性淘汰

みんなが選びそうなものを選ばないと！

まずはダーウィンの進化論から

進化論といえば 19 世紀中葉のチャールズ・ダーウィン (1809 〜 1882) の名前が思い出されるでしょう．

生物は，突然変異により異なった形質の個体が生じ，同じ種のなかでも形態などにバラツキがあります．それらを含んだ個体の集団のなかで，ある個体のもつ形質が生存に有利か，また，子孫をつくるのに有利かどうかによって，有利な形質をもつ個体は子孫を多く残し，そうでない個体はあまり子孫を残せないでしょう（「適者生存」とか「生存競争」と昔はいわれていました）．

一方，子どもの形質は親の形質と似ている．これを「遺伝」といいます．ちなみに，親が環境中で獲得した形質が子供に遺伝するという考えは，現代遺伝学では基本的には否定されていますが，ダーウィンは必ずしも否定していなかったそうです．

世代から世代へとそのようなことをくり返し，環境に適

応した形質の個体の割合が増えていきます．これを「進化」というわけです．

このような考え方に，20世紀に入って再発見されたメンデルの遺伝学が結びついた理論が「ネオ・ダーウィニズム」といわれる考え方です．20世紀中葉には，その遺伝をつかさどる遺伝子がDNAという物質であることが明らかになっています．さらに現代では，進化の主役は遺伝子の生存に有利な突然変異ではなく，有利でも不利でもない「中立」な変異の積み重ねで進化が起こるとされています．

子どもを産まないほうが自分の遺伝子を残せる!?

生物の進化を見てみると，必ずしも生存や多くの子孫を残すのに有利と思えないような形質が見られます．たとえば，働きバチはメスですが，女王バチに奉仕するだけで，自分自身は産卵せず，子孫を残しません．この理由は次のように説明されます．

ハチでは，遺伝をつかさどる遺伝子が乗っている染色体が，オスだけ半数体なのです．半数体とは，染色体を1セットしかもってないということです．多くの動物は，オスもメスも染色体を2セットもっています（倍数体といいます）．多くの動物では，子どもをつくるときに，オスもメスもそれぞれ2セットのうち1セットを出すため，子ども

は親と同じく2セットの染色体をもちます.

ハチはメスだけが倍数体で,オスは半数体です.父親と娘の間の近親度（自分の遺伝子がどれだけの確率で相手に見られるか）はどのぐらいか見てみましょう.父親の1セットの遺伝子はすべて娘に行きますから,近親度は1となります.いっぽう,母親から見て娘は,自分の遺伝子の$\frac{1}{2}$と父親からの$\frac{1}{2}$の混合の存在ですので,娘と母親の間の近親度は$\frac{1}{2}$です.では,同じ父母をもつ姉妹の間の近親度はどうなるでしょう.姉妹は父親が同じであるため,それぞれがもつ2セットの遺伝子のうち半分はまったく同じです.そして,残りの半分の母親由来の遺伝子が同じである確率（近親度）は$\frac{1}{2}$です.よって,姉妹の近親度は,$\frac{1}{2} \times 1 + \frac{1}{2} \times \frac{1}{2} = \frac{3}{4}$になります.

働きバチは自分では産卵をせず,女王バチの世話をするだけです.女王バチから産まれるハチは,働きバチの姉妹です.姉妹との近親度は$\frac{3}{4}$なのに,もし自分が子供を産んでも,娘と母親の近親度は$\frac{1}{2}$ですから,姉妹より低くなります.つまり,遺伝的にいえば働きバチにとっては,妹ができるほうが,自分で子どもを産むよりも,自分の遺伝子がより多く伝わるということになるのです.女王バチと働きバチは遺伝的には同じもので,環境要因により産卵に特化したものが女王バチになります.働きバチは,自分の遺伝子をたくさん伝える妹が女王バチとなり,たくさん

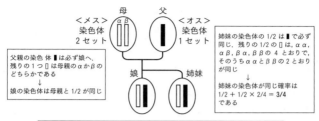

ハチは母娘の近親度よりも姉妹の近親度のほうが高い

産卵し,その卵が孵化し成虫になってくれるようがんばるのです.

このように,半数体倍数体型生物であるハチは(自分より女王バチを助けるという)利他性を発揮する社会的昆虫となったのです.そして,そういう社会的分業をしている集団のほうがそうでない集団より有利だったために,淘汰によって生き残ってきているということになります.

進化論ではこのようにおもしろいパラドクシカルな現象が,いろいろなメカニズムで説明されます.そのなかから,ここでは,ダーウィンも取り上げた「性淘汰」というものについて考えてみましょう.

「性淘汰」とは

「性淘汰」とは,有性生殖をする生物において配偶者の

選択がどのようにして行われるかという視点から，その生物のもつある形質の進化を説明しようとする考え方です．

多くの生物ではメスがオスを選ぶということになっています．そのため，オスはメスに気に入られようと，婚姻ディスプレイをしたり，立派な巣をつくったりします．またオスの肉体はメスの気を引くように美しいなどともいわれます．メスが好む形質をもち，メスに選ばれることによってはじめてオスは子孫を残せるのですから，そのようなメスが好む形質は子孫に受け継がれ，その形質が子孫の集団に広まるというわけです．

しかし，環境に対して何か有利な点がなくても，単にメスが好むというだけで進化が起こるのでしょうか．前提として，多くのメスがオスに対して同じ嗜好をもたなくてはなりません．ということは，生存力，繁殖力が明らかに強そうだと見られる形質が，性選択に対して有利だと思われます．

では，オスのクジャクの尾やオスのヘラジカの大きな角も，生存に有利とか闘争に強そうという理由でメスにとって魅力的なのでしょうか（実は，クジャクの尾は，メスがオスを選ぶときの着目点ではないことが後の研究でわかったのですが，昔はよく性淘汰の例として用いられました）．

シカの角は，外敵に対しての闘争，防御に際して一見有利そうです．メスが強そうなオスを選ぶというのは当然の

ことと思われます．1匹のメスをめぐって争うシカのオスどうしの闘争でも角が大きいことが有利になるかもしれません．だとすると，メスに選ばれるからということではなくて，直接にメスの獲得をめぐる競争に有利だから受け継がれたのかもしれません．

しかし，それにしたってヘラジカの角は大きすぎるのではないでしょうか．単に不必要に大きいというだけではすまず，大きすぎる角はかえって生存に対してハンディキャップでしょう．大きな角は重たくて体力を消耗するでしょうし，天敵に狙われたときにも逃げるのがたいへんです．

あんなハンディキャップがあっても立派に生きている．オスどうしの競争で健闘している．天敵からも逃げおおせている．大きな角は，ハンディキャップを負っても強く生

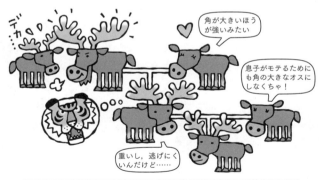

ヘラジカの大きすぎる角が受け継がれたのは性淘汰のためか

きられる証であり，そこにメスは魅力を感じるのだ．

　いちおうこのような説明は成り立ちそうです．でも大きすぎるという感じはぬぐえません．この説明も程度問題でしょう．

「美人コンテストゲーム」の思考実験

　オスを選ぶメスの立場から見るとどうなるでしょう．

　メスは，自分の子孫が繁栄したほうがいいわけです．子孫の第一は息子と娘です．その息子はオスですから，息子がたくさんの孫をつくってくれるほうがよいわけです．息子がたくさんの孫をつくるためには，次世代のメスにその息子が選んでもらわなくてはなりません．ということは，メス一般に人気があるような形質を息子がもたなければなりません．そのために自分は，他のメスたちに人気があるような形質のオスを選ばなければなりません．そうすれば人気の形質をもつ息子が生まれることが期待できます．

　では，一般のメスたちに人気があるオスとは，どういうオスでしょう．20世紀を代表する経済学者ジョン・メイナード・ケインズ（1883〜1946）は，「美人コンテストゲーム」という思考実験を提出しています．

Thought Experiment

　審査員が何人かいて出場者の誰かに投票をして優勝者を決める．そして，優勝者となった出場者に投票した審査員には高報酬が与えられる．このとき，審査員はどう行動すればいいだろうか．自分が美人であると思う人に投票すればよいのか．教科書的な常識で美人とされている基準に適合する人に投票すればよいのか．実はどちらでもない．そこにいる審査員たちが投票しそうな出場者に投票しなければならないのである．

　でもそれは，自分以外の審査員たちが単純に好みそうな出場者ということではない．自分以外のそれぞれの審査員たちが，それぞれ彼ら自身以外の審査員たち（そのなかには自分も入る）が，「他の審査員が誰に投票すると推論するか」を推論して決定しなければならないのである．しかし，そのようなことを論理的に推論するのは，現実的にはできない．結局,「人気」のある「流行」のタイプの人に投票するということになる……

ほかの審査員が誰に投票するかが問題だ

あまり極端になればストップする
——ランナウェイ仮説

　先ほどの生物学でのヘラジカの例のようなことは，統計学の創始者の一人であるロナルド・フィッシャー（1890～1962）が，「ランナウェイ仮説」として取り上げています．最初はなにか実際に有利な点があって進化し始めた形質が，だんだん極端に進化していって生存に不利にまで変化したとしても，メスたちが（不利であろうことは承知でも）とにかく「人気のある」オスを選択し続けることによって，

不思議な形にまで進化する．しかし，あまりに極端になりすぎると，そのような進化は停止するという仮説です．

　原因となる実体がないのにある方向への変化が続くその変化はおかしいということにみんなが気づいていても，その自然の流れに反する変化は止まらない．しかしいずれ破局が訪れる．このような異常な集団的行動は身近にもよく見られることです．

　たとえば株式投資でもこのようなことが見られます．その会社の経営状態やその業種，社会の経済状態の予測から買う株を決定するのではなく，多くの人が買いそうな株を買うのです．多くの人が買う株こそが高くなるわけですから．したがって，実態がないのに高騰する株があるわけです．しかし，あまり実態と乖離しすぎると，「裸の王様だ」ということになって株価が暴落する……とまでは行かなくても，実態に近づいていくのです．

　実際に日本は20年ほど前に土地バブルを経験しました．そんなに実際の価値がないとわかっていても，必要があろうとなかろうとみんなが買うから高くなるだろうから，自分も買う．他のみんなも自分と同じ推論をするだろうから，買い続けるだろう……．実態とまったく合わなくなってバブルは崩壊しました．1637年のオランダでも，チューリップの球根に投資するバブルがはじけた先例があります．

　このように，単に自分の主観で価値を評価するのではな

くて，社会のなかで他人たちの考えを推し量り，他人もまた自分の考えを推し量って決定することを，「間主観推論による決定」といいます．

> ### Conclusion
>
> 進化論分野の例を挙げましたが，主観的な決定ならぬ，「間主観的決定」というのがこの章のテーマでした．動物の進化は適者生存，環境や異性の選択などによる淘汰によって起こるというのが進化論の基本です．ところが，一見，適応度の低いように見える形質や行動が見られることがあります．社会性動物では遺伝学的トリックによって説明できる場合もありますが，どう考えても生存にも繁殖にも不利に見えるような形質があります．それを，「人気」のあるもの，「流行」しているものが選ばれるという，同語反復的とも思える形で説明したのが，フィッシャーのランナウェイ仮説でした．それはケインズの「美人投票ゲーム」の考え方にあてはまります．そのように，実体がないにもかかわらず（あるいは不利であってさえも），選ばれ続けるというのが間主観的決定です．人気あるもの，大勢に支持されているものを選べ，ということです．いつかは破局が来るでしょうけれど……

PART IV

自然の摂理とミクロの世界に迫る！
物理学・量子論の思考実験

神はサイコロを振り給わず．

アルベルト・アインシュタイン
1926年，マックス・ボルンへの手紙

実験 File 14　マックスウェルの悪魔

取り返しがつかないことを元に戻せるか!?

混ざっていたら意味がない

　ワイン好きのあなた．もし友人から「千円のワインと百万円のワインを両方あげる」と言われたら期待しますよね．安いワインは料理用，高いほうは特別な記念日までたいせつに保管．な〜んていろいろ想像しながら，ワインを受け取りました．ところが瓶が1本しかありません．なぜならこの友人は，安いワインも高いワインも1本の瓶に混ぜていたのです．

　悲しいですねえ．さあどうしましょう．中身は確かに千円と百万円のワインなのだから友人は嘘をついていません．かといって一度混ざってしまったワインの中身を元どおりの2本にするなんてできませんよね．それを元に戻してくれるというのが「マックスウェルの悪魔」です．もう一つ例を．

　羊が畜舎に100匹います．仕切りを開けてやるとみんな牧場に出て散らばっていきました．夕方になって，羊たち

を畜舎に戻さなくてはなりません．あいにく，羊を誘導する牧羊犬はいません．羊たちはみんなふらふらと好き勝手に動いています．どうしましょう．あなたは，畜舎の扉の所にいて，羊が畜舎に入ろうとしたら，扉を開けたままにして羊を入れます．反対に中の羊が外に出ようと，扉に近づいてきたら扉を閉めて羊を外に出しません．こうすれば，100匹の羊たちはいつか畜舎に納まりますね．あなたは羊を畜舎のほうに追いやるような努力はしていませんし，羊に触れてもいません．

　この話の「あなた」の役をミクロな世界でするのが「マックスウェルの悪魔」なのです．ここで「悪魔」という言葉が出てきましたが，特別な意味があるわけではなく，天使でも超能力者でもかまわないのですが，歴史的に「デーモン（悪魔）」という名前が使われてきたので，ここでもそれに従います．マックスウェルのほうは，その思考実験を考案した物理学者の名前です．まずは，そのような思考実験がなぜ行われたのか，その動機から見てみましょう．

無から有を生み出したい

　無から有を得る．エネルギー源なしにいくらでもエネルギーを使うことができる装置があったら……．これはエネルギー資源小国でなくても人類共通の願望です．大昔から

そのような装置がたくさん発表されてきました．

たとえば下図のような鎖を用いたもの．左の緩やかな斜面のほうが玉の数が多いので引っ張る力が大きい．だから鎖の輪は反時計回りに回り続けるだろうというのです．でもこれはダメなことがすぐわかります．玉1個を引っ張る重力はどれも同じです．しかしその力は，鎖方向に引っ張る力と斜面に垂直に押しつける力の2つに分解され，鎖方向に引っ張る力の成分だけが鎖の輪を回すことに関係します．だから，緩やかな斜面に乗っている玉のほうが鎖の輪を回す効果は小さいのです．ちゃんと計算すると，急な斜面に乗っている玉の数と緩やかな斜面の玉の数の比と，輪を右と左に引っ張る力の比が打ち消し合って輪は回らないことがわかります．

このようなばかばかしいものからうまくいきそうな巧妙なものまで，古代から連綿と考えられてきました．18, 19世紀には，力学的な装置，電磁気学的な装置を用いたもの

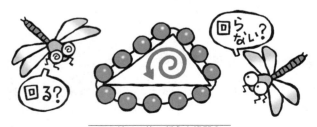

回り続ける第1種永久機関？

まで提案されました．実際に動作せず詐欺事件になったものもあります．エッシャーのだまし絵にも永久に続く運動に関係したものがあります．

幻の永久機関

物理学ではエネルギーを使って外部に変化を起こすことを「仕事をする」といいます．そして，外部からエネルギーの供給を受けずに仕事をし続ける装置を「第1種永久機関」といいます．このようなものを作ることはできないことをいい表したのが「エネルギー保存の法則」です．

また，熱的現象を使って外部に仕事をし続ける装置を「第2種永久機関」といいます．熱源は使ってもよいが，その熱エネルギーを外部に捨てることなく100％力学的エネルギーに変換し，力学的，電磁気学的なエネルギー供給を受けないで動作し続ける装置です．このように熱的現象を考慮に入れれば，永久機関ができるのでしょうか．

18世紀後半から19世紀には，産業革命にともなって出現した蒸気機関や気体についての熱的現象の研究が進みました．これを「熱力学」といい，熱的現象をマクロの立場から取り扱います．ミクロのメカニズムには言及しない理論構成です．その熱力学には基本原理として，第1法則と第2法則があります．第1法則は，力学的エネルギーや電

磁気学的エネルギーのほかに熱エネルギーも含めたエネルギーの保存法則で，第1種永久機関が不可能であることを述べています．第2法則は，「熱は温度の高いところから低いところへ伝わり，自然に逆は起きない」あるいは「熱エネルギーを100％力学エネルギーに変換できない」というもので，第2種永久機関が作れないことを主張しています．

熱的現象をミクロの視点から解明する「統計力学」という学問によれば，熱エネルギーとは，それをもつ物体を構成する分子の運動エネルギーにほかなりません．ただし，普通の力学的な運動エネルギーとの大きな違いは，その運動がランダムであることです．莫大な数の分子はみなミクロの運動エネルギーをもっているのですが，ばらばらででたらめな運動をしています．そのため，分子の運動エネルギーを集めて利用できないのです．もし莫大な数の分子たちが整然と運動していれば，それを利用できるのですが……

エネルギーには質の差がある

力学的な運動エネルギーとか，高いところにある物体がもつポテンシャルエネルギーとか，電池の中の化学的エネルギーとか，核エネルギーとか，エネルギー源にはいろい

ろな形態があります．ところが，熱エネルギーは，高温の物体があったとしてもそのままでは利用できません．

　じつは，熱源が1つだけだと熱エネルギーの利用はできないのです．超高温の物体があって，その物体に熱エネルギーがたくさんあるとします．しかしそのエネルギーをたとえば動力源として利用するためには，必ず別の低温の物体も必要なのです．それを熱浴とか低熱源というのですが，熱エネルギーをもっている物体と熱浴の2つの間の温度差が不可欠なのです．もし，超高温物体から低温物体に熱が移って同じ温度になってしまえば，それで終わりです．温度差なしでは熱エネルギーは宝の持ち腐れなのです．

　利用可能性という点で，力学的エネルギーなどは質が高く，熱エネルギーはそれに比べて質が低いといえます．そう考えると，熱力学の第2法則は，エネルギーの質は劣化する一方だということを表していることになります．力学的エネルギーを熱エネルギーにするのは簡単なのに，熱エネルギーを力学的エネルギーに変換することは容易ではないのです．

　同じことを統計力学の観点で見ると，「エントロピー増大の法則」になります．エントロピーとは，熱力学では熱の移動に関係した量で，非常にわかりにくい概念です．同じことを統計力学の立場で見ると，対象となる物体を構成する分子などの乱雑さ，無秩序さの程度ということになり

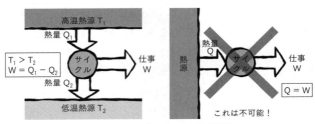

第2種永久機関もつくれない

ます.つまり,エントロピー増大の法則とは,「物体の状態,世界の状態は乱雑化していく」ということです.高エントロピー状態から低エントロピー状態に自然に移行することは不可能だというのです.

例を示しましょう.トランプの1セットが順番にそろっていたとします.これはただ1とおりしかない特別な状態で,エントロピー最低の状態になっています.それを何回か切っていくうちに順番の並びは失われて,ランダムな順番になっていくでしょう.すなわち高エントロピー状態になったのです.逆に,そろっていないトランプを切っていったら順番にそろってしまうということは起こりえないでしょう.

エネルギーは,保存はするが不可逆に劣化していく.エントロピーは増大していく.利用可能なエネルギーは減っていく.この自然のもつ不可逆な傾向性に逆らって,エネ

ルギーの質を改善するということ，具体的には熱エネルギーを力学的なエネルギーに戻すことはできないのか．そのようなことを実現するという思考実験が「マックスウェルの悪魔」なのです．

「マックスウェルの悪魔」の思考実験

電磁気学のマックスウェルの方程式で有名な 19 世紀スコットランドの物理学者ジェームズ・クラーク・マックスウェル（1831 〜 1879）は統計力学にも甚大な貢献をしています．そのマックスウェルは，外部からのエネルギー供給なしには決して減少しないはずのエントロピーを減少させる思考実験を 1871 年に提案しました．それは「マックスウェルの悪魔（デーモン）」といって，舞台は気体分子を閉じ込めた 2 つの部屋からなる箱です．

Thought Experiment

箱の中に気体が閉じ込められている．気体は同一種類のランダムな運動をしているたくさんの分子からなる．分子はその気体の温度に応じた運動速度の分布をしているが，話を簡単にするために，速い分子と遅い分子の 2 種類しかなく，その数は半々だとしよう．

はじめはこの箱は 1 つの部屋からなっていて，その真ん中に仕切り壁を挿入する．この段階で，箱は右と左の

2つの部屋に分かれる．両方の部屋とも，速い分子と遅い分子は半々である．このとき気体の分子運動のエネルギーを利用する手段はない．熱力学的にいえば，左右の部屋の温度は等しく温度差がないからである．

　ここで悪魔が登場する．悪魔は，左から速度の速い分子が来たら仕切りにある窓のシャッターを開き，そうでないときには閉めておく．逆に右から遅い分子が来たら窓を開き，そうでないときには窓を閉めておく．こうすると，だんだん右の部屋には速い分子が集まり，左の部屋には遅い分子が集まる．

　結局，悪魔が登場する前は，左右の部屋の状態は同じで「温度」も同じであったのが，悪魔の作業のあとでは，右の部屋は高温になり，左の部屋は低温になって温度差が生じる．この温度差を使って外部に仕事をすることができるではないか！

　悪魔がする作業は窓の開け閉めだけで，窓が開いていれば分子は素通りですから，悪魔は分子に対して何もエネルギーを与えるようなことはしていません．また，窓の開け閉めに要するエネルギーは箱全体が生成できるエネルギーに比べて無視できます．こうして悪魔は無から有を生み出しました．ということは，熱力学の第2法則がマックスウェルの悪魔によって破られてしまったのでしょうか．

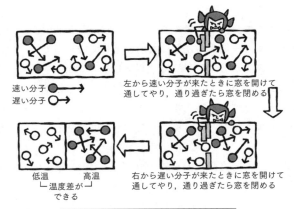

「マックスウェルの悪魔」の動作原理

　マックスウェルの悪魔はその後ずっとパラドックスであるかのように扱われてきました．20世紀に入ってから，ハンガリーのブダペスト出身の物理学者レオ・シラード（1898～1964）は，悪魔が分子を観測して，2つの部屋のどちらにいるのかという情報を取得するには，熱物理学の単位で最低限 $k_B T \ln 2$ だけの熱が発生してしまうことを，「シラード・エンジン」というマックスウェルの悪魔を単純化したモデルによって示しました（1929）．そして1951年に物理学者レオン・ブリルアンは，具体的に光で分子の位置を知るというモデルで悪魔の観測を詳しく分析して，測定という行為は必ず発熱をともないエントロピーを増加

させることを示しました.

こうして，物理学者たちは，熱力学の第2法則すなわちエントロピー増大の法則は大前提として成立しているのだから，悪魔が分子に対して仕事をしないで仕分けをすることによってエントロピーが低下しても，その低下分より悪魔が分子の位置を観測するときに発生するエントロピーのほうが大きくなってしまうのだ，と一応は納得してきました.

しかし，悪魔誕生から約100年後の1982年，コンピューター企業IBMの物理学者チャールズ・ベネットは，シラード・エンジンの思考実験を使って，それまでの物理学者の論争に決着をつけました．シラード・エンジンを改良工夫した思考実験装置で，エネルギー消費をして熱を発生することなく分子の位置を測定記録できることを示したのです.

まさにマックスウェルの悪魔を完成させてしまったかのようです．しかし，実はそうではなくて，悪魔は測定以外のところでどうしてもエネルギーを消費して熱を発生しなければならないという指摘をベネットはしたのです.

「シラード・エンジン」の思考実験

シラードは，第2次世界大戦中のアメリカの原爆開発の

きっかけになったとよく誤解されている，アメリカのルーズベルト大統領への「アインシュタイン書簡」の仕掛け人として有名です．彼は原爆開発のみならず生物物理学，情報物理学への寄与でも知られています．シラードは，原爆開発のマンハッタン計画のときの行動で，科学者の倫理に関して良識派とされてきましたが，正反対の評価もあり，評価は定まっていません．

ところでシラードは，1923 年に，「シラード・エンジン」とよばれる思考実験でマックスウェルの悪魔の本質をより先鋭化させた議論をしました．

Thought Experiment

舞台となるのはマックスウェルの悪魔と同様，2 つの部屋に分けられた箱に閉じ込められた気体である．ただし，気体はたった 1 個の分子からなるとする．また，箱の壁は熱を伝えることができる壁である．

最初，左右の部屋には区切りがなく一体である．その中を 1 個の分子がランダムに動いている．次に，箱の真ん中に仕切りが挿入され，左右 2 つの箱に分かれる．1 個の分子はそのどちらかに入る．

ここで悪魔が登場して分子がどちらの部屋にいるかを観測して情報を得る．右の部屋に入っていたら左の壁を（分子のいない空間をつぶすように）真ん中の仕切りまで動かす．左の部屋に入っていたら右の壁を仕切りまで動

かす．そうすると悪魔の測定結果がどちらであったとしても，分子は最初の半分の体積の部屋にいることになる．

次に，仕切りを抜く．この $\frac{1}{2}$ の体積の部屋は動いてきた壁に分子がぶつかって元来た方向へ力を加えるので，壁が元の場所に向かって動き出して部屋はもとの大きさに戻っていく．このとき分子が壁に当たって押すときに，力学的な仕事をする．その大きさは情報物理学によれば $k_B T \ln 2$ である．そして，壁にぶつかって壁を動かした分子は当然エネルギーを失うが，箱の壁は熱を伝える壁なので，失ったエネルギーは外部から熱エネルギーをもらうことによって取り戻せるではないか！

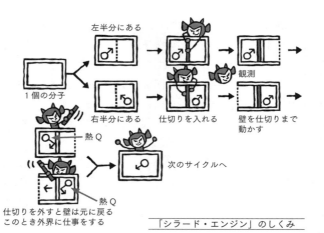

「シラード・エンジン」のしくみ

この思考実験でも，マックスウェルの悪魔のときと同様に，悪魔が観測や壁の移動の際に発生させてしまう熱は，無視できるぐらいに小さくできます．実際，ベネットはそのような具体的な実験装置を示しています．

シラード・エンジンは外部から壁を通して熱エネルギーの供給は受けていますが，外部から供給された熱エネルギーを100%力学的なエネルギーに変換しています．これは熱力学の第2法則に反します．

悪魔は忘れるときにエネルギーを消費する

ここまでならば，マックスウェルの悪魔と大差がないように見えます．ベネットは，エネルギーを消費して熱が発生するのが不可避なのは，すなわち，エントロピーが発生するのは，それまでいわれていたように悪魔が分子を観測する過程ではなく，観測結果の情報を忘れる過程であると考えました．

シラード・エンジンが1回動作したら，そのあとで次のサイクルに入らなくては熱を力学的エネルギーに変換し続けることができません．分子の入った箱は，ゆっくりした膨張のあと，最初と同じ体積をもった完全に元の箱に戻っています．

ところで悪魔は，分子の位置の観測結果によって違う操

作を箱にしなければならないわけですから，その操作に先立って観測結果を頭のなかのメモリーに記録しておかなくてはなりません．このメモリーの状態は，初期状態では右でも左でもない中立の状態で，それが観測結果に応じて右状態か左状態に変化します．しかし，1回の動作が終わったあとメモリーにそのまま測定結果が残っていては初期状態とは異なってしまい，次のサイクルに入れません．運転を続けるためには前回の情報を消去する必要があるのです．

情報物理学には，情報の消去すなわち不可逆な論理的演算が行われると熱が発生してエントロピーも増加するという「ランダウアーの原理」というものがあります．1ビットの情報を失うと $k_B T \ln 2$ 以上のエネルギーが消費されて熱が発生するというのです．この値はシラード・エンジンで出てきた値と同じですね．したがってシラード・エンジンから無限に力学的なエネルギーを取り出すことはできないのです．サイクルごとに，せっかく熱エネルギーを変換して取り出したエネルギー以上のエネルギーを，新たに熱として放出しなければならないからです．

マックスウェルの悪魔は，熱の発生なしに観測を行えるが，情報を忘れる際に熱を出すので，熱力学の第2法則はやはり破れない．悪魔は葬られたとベネットは論じました．

計算することと発熱

マックスウェルの悪魔は,マクロな現象論である熱力学とミクロな統計力学が完成しつつある時期に,熱力学の第2法則を破るように見える例として提出されました.悪魔は利用不可能な熱エネルギーから利用可能な質の良いエネルギーを取り出せる.取り返しのつかない不可逆過程が進行したあとでも,元の状態に戻せるというのでした.

その後,約1世紀にわたり物理学者を悩ませた悪魔ですが,20世紀後半に入って電子計算機が実用化されてその高性能化に関しての研究が精力的になされるようになり,電子計算機の世界的大メーカの研究者ベネットによって悪魔が葬り去られるといういちおうの解決を見たのです.

彼らはメソスコピック物理学(超微細加工技術や超高感度測定技術などによってナノスケールの現象を扱う物理学)や情報物理学の研究者でした.計算することには,論理的制限だけでなく,現実には物理的な装置によって行われることが不可避である以上,物理的な制限もあるのだという認識が共有され,情報科学と物理学の結びつきが強まってきた時代でした.計算するデバイスは発熱しますが,計算するということは原理的に発熱をともなうものなのです.情報取得には必ず発熱という代償を払わねばならないのです.

その傾向がさらに強くなったのが1990年代です．具体的にいうと，量子コンピュータ，量子テレポーテーション，量子暗号，量子通信などという現代社会の根底を覆しうるインパクトをもつ先端技術の糸口が見えてきたのです．たとえば，現代社会で普通に使われている公開鍵暗号であるRSA暗号というのがあります．それを量子コンピュータは解読できるというのです．量子コンピュータが計算するしくみも，量子力学の原理と絡んでくるのですが，最終段階になるまで可逆な変化のみで計算過程を遂行しなくてはならないという制約があります．

最近，日本で，マックスウェルの悪魔を実現したという報道がなされました．その実験を，階段に粒子がいて，ふらふらと熱運動をしているという比喩で説明しましょう．

熱運動で動く幅は階段の幅の程度です．粒子はふらふらと上がったり下がったりしていますが，平均的にいえばだんだん下に下がってきます．ここでマックスウェルの悪魔に登場してもらいます．粒子を観測していてもらって，粒子が階段を上がったときに粒子の後ろに壁を置いてずり落ちないようにしてもらいます．そうすれば，悪魔は分子に力を加えることなしに階段を上がっていくでしょう．

しかし，この（実際の）実験も，熱力学の第2法則を破るマックスウェルの悪魔をつくったものではありません．分子の状態を観測して，その情報をもとにして，分子に対

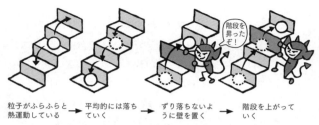

粒子がふらふらと熱運動している → 平均的には落ちていく → ずり落ちないように壁を置く → 階段を上がっていく

「マックスウェルの悪魔」が実現された？

して直接力を加えることなしに制御するということなので，情報はどこかに残っています．悪魔が動き続けるためには情報を消去しなくてはならず，シラード・エンジンと同じことです．この実験は，分子モーターなどとよばれるマイクロデバイス技術にもつながっていきます．

マックスウェルの悪魔は本当に葬られたのか，情報とは何かということが，量子力学の観測理論などとも関連して再び問われているのかもしれません．

Conclusion

　混ざってしまったものでも，元のとおり分離できれば利用可能なエネルギーが生まれます．秩序のないばらばらな運動でも，それをそろえてやることができれば利用可能なエネルギーが得られます．個々の分子に対して個別に働きかけて運動をそろえてやる必要はありません．気まぐれ，ばらばらに動いている分子が，都合のよい動きをとったときに，それが元に戻らないようにしてやりさえすればいいのです．

　でも，そのような選別をするためには，分子の運動を観測して情報を得なければなりません．情報を得たり，初期状態に戻すために記憶を消去したりするには，エネルギーを熱の形で消費することが必須だとわかったのです．すなわち，マックスウェルの悪魔は機能せず，第2種永久機関は不可能なのです．覆水盆に復らず．乱雑に散らかってしまったものは自然にもとの整然とした状態には戻らないのです．

実験 File 15
ニュートンのバケツとマッハのバケツ

どちらが回っているの!?

アインシュタイン → マッハ → ニュートン

アインシュタインといえば一般相対性理論がたいへん有名ですが、この歴史的偉業の誕生には「マッハのバケツ」という思考実験が大きくかかわっているのです。エルンスト・マッハ（1838 〜 1916）はオーストリアの物理学者・哲学者で、戦闘機の速さを表す「マッハ数」などでも知られています。アインシュタインの一般相対性理論はこのマッハの思考実験をヒントに生まれたのです。では天才アインシュタインが感銘を受けたほどのマッハ原理、「マッハのバケツ」とはいったいどんな思考実験なのか。その説明をするために、マッハからさらに 200 年近くさかのぼって、近代科学の祖といわれる物理学者・数学者アイザック・ニュートン（1642 〜 1727）の時代に飛んでみましょう。

「ニュートンのバケツ」の思考実験

運動には並進運動と回転運動があります．等速の並進運動では，「ガリレオの相対性原理」(p.160参照) としてまとめられているように，観測者が動いているか止まっているかを実験で決めることはできません．たがいに等速で運動している座標系では，どちらでも同じ物理法則が成り立つからです．

しかし，回転運動だったら，絶対空間に対して回っているかいないかは「遠心力」のあるなしでわかるではないか，とニュートンは考えました．それが，「ニュートンのバケツ」の思考実験です．絶対空間とはすべての運動の基準となる，静止した空間のことをいいます．それでは，「ニュートンのバケツ」の思考実験を見てみましょう．

Thought Experiment

水の入ったバケツがロープで吊されている．そのロープをいっぱいにねじり，それを放すことでバケツを回転させる．順を追って見ていこう．

(1) 最初はバケツもその中の水も静止している．このときバケツと水は相対的に静止している．

(2) 次にバケツが回転を始める．しかしバケツの中の水は慣性によって止まったままだ．この段階ではバケツと水は相対的に回転している．

(3) 時間がたつとバケツの回転が水に伝わって，バケツと同じ速さで水も回転するようになる．この段階では，再びバケツと水は相対的に静止している．

さて，このときバケツの中の水面はどうなるだろうか．(1) では水面は平らに決まっている．(2) のときにはバケツと水は相対的に回転しているが，水面は平らなままである．(3) の段階になると，バケツと水は相対的に静止しているにもかかわらず，水面はバケツの壁に沿って盛り上がっている．では，水が回転して遠心力が生じているのはどの場合か？

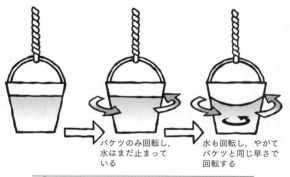

バケツのみ回転し，水はまだ止まっている

水も回転し，やがてバケツと同じ早さで回転する

「ニュートンのバケツ」では何が回っているのか

(3) の段階で水が周辺部に集まって水面が盛り上がったのは，回転運動による遠心力のためですね．しかし (1)

と (3) の両方の場合で, バケツと水は相対的には回転していません.

ここで,「遠心力は相対的な回転で生じる」という説をとるとどうなるでしょう. 遠心力は (1) と (3) の場合には発生しないだろうという予想になります. それなのに, (1) では水面が平らになり (3) では盛り上がるというように, 結果が正反対になります. しかも (3) のほうでは遠心力が見られるというのです. これは遠心力が相対運動から発生するという説では説明できないということになりはしないでしょうか.

逆に (2) ではバケツと水は相対的に回転しているのに遠心力は発生していません. これも相対運動説にとっては困ったことですね.

ドイツの哲学者・万能学者ゴットフリード・ライプニッツ (1646 ～ 1716) は相対的な回転があれば遠心力が起こるという説を唱えたのですが, ニュートンはこれを論破しようとしたのです.

身近な例でもう一つ見てみましょう. 女子のフィギュア・スケート選手が激しくスピンし続けると, 常にスカートが開いた状態になる. これは回転して「遠心力」が働くためですね. それでは, スケート選手には立ったままでいてもらい, 観客席が選手の周りを回転したとしたらどうでしょうか. スカートが開くわけがありませんね. でもどち

らの場合も，スケート選手と観客席は相対的に見れば回転しています．しかし，後者では，立ったままでいる選手が観客席よりはるか向こうに見える遠景で見れば，選手は止まっていて，回っているのは観客席のほうだとわかります．遠心力は発生しません．

それでは，見えている範囲すべてがスケーターの周りを回っていたらどうでしょう．この問題は後ほど「マッハのバケツ」のところで取り上げます．

さて，スケーターが回転しているということは，いったい何を基準にしていると考えればいいのでしょうか．回転しているいないは遠心力が発生しているかどうかが判断基準になるのでしょうか．その遠心力は絶対的に静止している絶対空間というものがあって，それに対して回っているときに発生するのでしょうか．それとも相対的な回転でも遠心力は発生するのでしょうか．

ニュートンはひもでつながれた2つの物体の思考実験もしています．

Thought Experiment

> ひもでつながれた2つの物体を回転運動させれば，遠心力が発生するかどうかによって，すなわち，ひもの張力を計ることによって絶対空間に対して回転運動しているのかがわかるはずだ．一見回転しているように見えたとしても，張力が発生していなければ2つのひもでつな

がれた物体は基準となる絶対空間に対して回転していないのである！

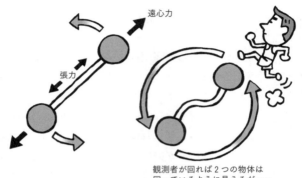

観測者が回れば2つの物体は回っているように見えるが……

ひもでつながれた物体は回転しているか

絶対空間と慣性

「ニュートンのバケツ」の思考実験に出てきた絶対的に静止している「絶対空間」とはそんなに重要なものなのでしょうか．ニュートンは，その名をとってよばれる「ニュートン力学」を建設するにあたって，「絶対空間」という枠組みが，物体の運動を記述するために必要だと考えました，絶対空間というのは，一様で無限に拡がっている空間であり，物質はその中で運動すると考えます．すべての運

動はその静止した絶対空間に対する運動です.

　もし宇宙に物体が一つだったら,運動するということに意味はありません.ほかのものがまったくなかったら何に対して動いているかということがいえないからです.物体が2つあって初めてその相互の距離という概念が意味をもちます.しかし,物体がほかに何もない空間でもニュートン力学は成立すべしとニュートンは考えました.ニュートンには絶対空間が必要なのです.

　等速運動をしている物体はそのままの直線運動を続けようとします.その直線運動を変更させるためには力を加えなければなりません.その物体を静止させようとすると,物体はそれまでの運動状態を保とうとしますから,静止させようとする力に抵抗します.これらは日常経験されることですね.

　また,回転運動の場合でも,回転を止めるには力が必要です.回っている物体の回転には,止めにくいものと簡単に止められるものがありますね.

　このように,運動状態の変更に対して抵抗が起こることを「慣性」といい,その慣性は物質の量を表す「質量」の大きさに比例します.ただし回転運動の場合は,質量と回転半径の積である「慣性モーメント」という概念が質量の代わりに慣性を表す量になります.

　「ニュートンのバケツ」の思考実験では,何に対する運

動状態が変化するときに運動していると感じられるか，ということが論争点だったといえます．このとき，運動状態の変化を表しているのは遠心力ですが，遠心力は，物体が，質量に比例して運動状態の変化に逆らう性質（慣性）をもっているために発生します，ですから「ニュートンのバケツ」は，慣性とは何が原因で起こる現象なのかを問う思考実験だったといえます．

ライプニッツは直接にニュートン本人と論争したのではなく，ニュートンの代弁者ともいうべきサミュエル・クラークと書簡で論争（1715〜16）したのですが，論争のこの幕は，ニュートン側の勝ちのように見えます．すなわち相対的な回転では遠心力は生じないように見えます．しかしこの論争から167年の後，マッハによって再びこの思考実験が取り上げられました．

「マッハのバケツ」の思考実験

1883年，オーストリアの物理学者・哲学者エルンスト・マッハは次のような思考実験で，ニュートンを批判しました．

Thought Experiment

　ニュートンのバケツで，バケツの壁の厚さをとてつもなく厚くしたらどうなるだろうか．バケツがどんどん厚くなった極限は，全宇宙がバケツということになる（自分以外の全宇宙がバケツになるところがポイント）．

　さて，バケツも水も静止している状態から，巨大なバケツのほうを回していくと，全宇宙のなかで水が回っているということになる．だから，水面は盛り上がるのではないか．そして，だんだんバケツの動きが水に伝わって水も巨大なバケツと一緒に動くようになって，相対的な回転がなくなったときには，全宇宙の中で水は回っていないことになる．だから，水面は平らになるのではないか．

　そのようにして，このマッハのバケツでは，巨大バケツ，すなわち宇宙全体の質量分布に対して水が相対的に回転しているときだけ遠心力が生じて水面は盛り上がることになる．つまり，相対的に回転しているかどうかで遠心力が見られるかどうかが決まるのだ！

　これはライプニッツの主張ですね．しかし，マッハは思考実験でそのような可能性も考えられると言っているのであって，必然的に水面は盛り上がらざるを得ないとまで主張しているわけではありません．

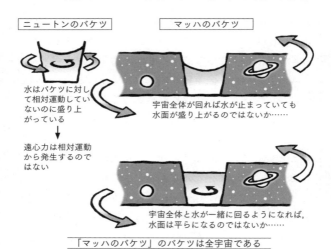

「マッハのバケツ」のバケツは全宇宙である

　それでは，ライプニッツやマッハの，遠心力は相対関係で決まるという主張と，ニュートンの絶対空間のどちらが正しいのでしょう．

　もちろん，マッハは，ニュートンのバケツの状況でも，相対的な回転で遠心力が生じると主張しているのではありません．マッハのバケツの状況のように，全宇宙の物質の分布に対して回転していれば遠心力が発生する，といっているのです．ニュートンの主張した，物質とは無関係に絶対的に静止している絶対空間があって，その中で全宇宙が回転するなどということは無意味だといいたいのです．す

なわち，全宇宙の物質分布こそが，ニュートンの絶対空間だったということです．慣性の起源は全宇宙の物質の分布からの重力なのではないかと思われます．

現代物理学では「マッハのバケツ」はどうなったか

　ある物体に影響するのは，その物体以外のすべての物体との関係性であるという考え方を「マッハの原理」といいますが，それはアインシュタインがそのようによんだことに始まります．具体的には，遠心力のような慣性による力は，宇宙全体の物質からの重力によって発生するということです．アインシュタインは，「マッハの原理」の流れを受けて，加速度による慣性力と重力の等価性を前提とする「等価原理」（実験 File17 参照）を，彼の一般相対性理論（1916）建設の指導原理としました．

　その結果できあがった一般相対性理論によって，アインシュタインをはじめとする研究者は，マッハのバケツの状況の考察を行いました．宇宙において，バケツの中の水に相当する物体と，それを取り囲むバケツに相当する大きな球殻を考えます．球殻が並進加速運動や回転運動をしていたらどうなるかを一般相対性理論で計算するのです．そうすると，球殻の並進運動に中心の物体が引きずられる効果や，球殻が回転すると中心の物体に遠心力のような効果が

生ずることがわかりました．マッハのバケツについては，相対運動が遠心力を引き起こすことがわかったのです．

しかしこのことはただちにニュートンの負けを示しているのではありません．一般相対性理論を前提にすれば，マッハのバケツはそうなるということなのです．一般相対性理論でない理論があったらどうなるかはわかりません．

また，ニュートンのバケツでは，バケツと水以外にも，地球や銀河系などの宇宙の物質があるという設定ですから，ニュートンの主張と一般相対性理論の結果は一致しているともいえます．一般相対性理論による計算で，宇宙の物質に相当する巨大な球殻の内側に，もう一つニュートンのバケツに相当する球殻を挿入し，その中の水を考えてやれば，ニュートンの言ったとおりになるでしょう．

結局，バケツと水以外に何もない宇宙ではどうなるかはわからないと言ったほうがよいのかもしれません．

Conclusion

　どちらが回っているのか．何に対して回っているのか．それは遠心力が発生するかどうかで区別できる．これが「ニュートンのバケツ」の思考実験の論点でした．ニュートンは相対的な運動では遠心力は発生しない，絶対空間という枠組みがあってそれに対して回っているときだけ遠心力が発生すると考えました．

　それに対してマッハは宇宙全体の質量分布こそが，回転の基準になっていると考えました．宇宙規模で非常に厚い「マッハのバケツ」は，宇宙全体の質量分布の代替物です．全体との関係性によって遠心力が発生するのです．そして遠心力は，物体のもつ慣性（質量）から生じますから，マッハのバケツは慣性の起源についての思考実験であるといえます．

　このような考え方は，最近の脳科学などにも見られ，ニューロンの発火の意味は脳全体のニューロンネットワーク内での関係性で決まるというように敷衍されています．

> Column

ガリレオの相対性原理からニュートン力学へ

ガリレオの相対性原理というのがあります．何もガリレオの独創というわけではないのですが，アリストテレス流の天動説に対抗した地動説側の論者が，思考実験をしたり実際に実験したりしてみせたときにしばしば用いられた原理です．

アリストテレス主義者は地球が動いているはずはないと言います．地球がもし動いているなら，塔の上から物を落下させたら物体は塔から離れた所に落ちるはずです．落ちている間に地球が移動してしまうからです．しかしながら，実際に観察すると物体は塔からまっすぐに落ちるように見えます．したがって地球は静止している，というのがアリストテレス主義者の論法です．また，もし地球が動いているなら，常に風を受けるはずだという議論もありました．

一方，ガリレオの時代までに相対運動についての理解はかなり進んでいました．古くは14世紀の神学者ジャン・ビュリダンが，「船が動いているか止まっているかは船の上の実験では決定できない」と論じています．「動いている船のマストから物体を落下させたらどこに落ちるだろうか」については，地動説と無限宇宙論の擁護により1600年に火焙りの刑に処せられた修道士ジョルダーノ・ブルー

ノや，天文学者のティコ・ブラーエ，ヨハネス・ケプラーも論じています．

アリストテレスの運動理論を批判していたフランスの哲学者ピエール・ガッサンディ（1592〜1655）は1640年に実際に動いている船のマストの上から物体を落下させる実験を行いました．フランスのマルセーユ沖で動いている船のマストの根元から垂直に物体を投げ上げ，マストの根元に落下してくるのを確認しています．そして，もしもこの実験を堤防か他の船から見ていたならば，放物線を描いて運動するのが見えただろう．この運動は投げ上げと船の進行との合成運動なのだということを述べています．

初めに述べたアリストテレス主義者による地動説の難点のうち，地球が動いているのなら風を受けなくてはならないだろうという主張に対しては，空気も地球とともに動くとすればよいのです．塔からの物体落下について，ビュリダンは，物体もその周りの空気が運んでいると考えればよいとしています．

ガリレオは，等速で運動しているものの上では，止まっているものの上とまったく同様の運動が観察されるという，ガリレオの相対性原理をもとにした思考実験でアリストテレス主義者に対して地動説を擁護しています．

岸から見て放物運動をしている物体が，船上では直線的

に落下して見えます.船の上の実験では,船が動いているかどうかはわからないのです.地球も同じで,塔の上から物が真下に落ちるというような実験では,地球の動きは検出できないというのです.

このような「運動は相対的である」いう考えを取り込んで,ニュートン力学は成立しました.そこでは,運動している物体から発射された物体の速度は,発射した物体の速度と発射された物体の速度の単純な足し算引き算になるのです.

岸から見ると放物運動をしている

船の上では元のところに落ちてくる

船の上で垂直に物体を投げ上げると

実験 File 16
光速度のパラドックス

アインシュタイン16歳の思考実験から特殊相対性理論へ！

光は遅れてやってくる

　ピカッ，ゴロゴロ！　これは何を表しているでしょう．そう，雷です．昔から日本人がよく使うこの2つの擬音語．実はかなり理にかなった表現なのです．雷が落ちるときにはまず空が明るくなって稲妻が見えます．それから少し遅れてゴロゴロと大音響が聞こえて振動が伝わってきます．この現象は，稲妻の光の速度のほうが音響の伝わる音速よりはるかに速いことから生じるものです．だからみなさんがゴロゴロの音を聞いたときには，もう現地ではとっくに雷が落ちてしまっています．しかしながら，実は，この世で一番速いピカッの光も，実際の落雷よりごくわずかですが遅れています．

　たとえば，天体望遠鏡でアンドロメダ星雲を見ているとしましょう．230万光年の彼方にあるアンドロメダ星雲の像は，光が230万年かけて伝えてきた230万年前のでき

ごとです．太陽を観測していて見える黒点は 8 分前の黒点の姿です．

でも，われわれはそれを今のアンドロメダ星雲や太陽の姿のように感じていますね．「いま」太陽に大異変が起こったとしても，地球上のわれわれがそれに気づくのは 8 分後です．われわれにとって，離れた場所の「いま」とは，この世でいちばん速い光の信号が届いたときなのです．「同時である」とはどういうことか考えさせられてしまいますね．このような，離れた場所で起こった事件の同時性ということが，かの有名な，アルベルト・アインシュタイン（1879～1955）の特殊相対性理論建設の根本的な足場でした．

「光速度のパラドックス」
——光速度で光を追いかければ

それでは，アインシュタインが特殊相対性理論を構築するのに，どういう思考実験をもとにしていったのかを紹介しましょう．

まずは，アインシュタインが 16 歳のとき，1895 年の思考実験です．彼はそのときまでに，電磁気学を学び，光が電磁波であること，そして光は一定の速さ（光速）で進むことを知っていました．そして，その時点では，光はエー

テルという未知の媒質の波動であるという，当時の常識的な描像をもっていたようです．光は，エーテルに対して静止している座標系に対して光速で伝わるというのです．それならば，エーテルに対して運動している観測者から見ると光速は異なって見えるはずですね．つまり，光などの電磁気学的現象も，ニュートン力学と同様に「ガリレオの相対性原理」(p.160 参照) に従わなければなりません．相対的に運動している物体はどちらが運動してどちらが止まっているかの判別はできないはずです．光についてもそうであるはずです．そこで，彼は次のように思いをめぐらせました．

Thought Experiment

光速度で光を追いかける観測者がいるとする．（ガリレオの相対性原理によれば）彼にとっては光が止まって見えるはずだ．もし，空間的に変化している光の波が凍りついたように静止して見えたとすると，観測者は自分が絶対静止空間に対して光速で走っていることの証拠をつかんだことになる．これは自分の運動状態はわからないというガリレオの相対性原理に反しているのではないか……

アインシュタインはこの思考実験に登場する，凍りついたように静止した電磁場（光の波）というものが観測され

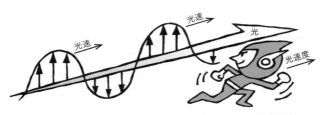

光速度で移動すれば光の電磁場が凍りついて見えるか？

ることはあり得ないと考えていたようです．つまり，光に追いつくことなどできないし，光の速度と観測者の速度を合成するときに単純な足し算ではすまない，ということです．

　この矛盾は10年後，1905年の「特殊相対性理論」の論文で解かれました．その特殊相対性理論は，一見矛盾するかのように見える「光速度不変の原理」と「相対性原理」の2つを両立させた理論なのです．

「通過する列車上での同時性」の思考実験

Thought Experiment

　あなたはプラットホームに立っている．プラットホームの前のレールを列車が左から右へ等速で通過していく．そのときホームの両端に雷が落ちた．雷が落ちたのは同時だっただろうか．ただし光速はどのような運動状態の

観測者に対しても，実験でわかっているように一定であるとする．

　プラットホームの両端に同時に雷が落ちたかどうかは，プラットホームの長さの中点を測ってその位置に立ち，雷が落ちたときに左と右から同時に光を見たなら，ホーム両端での落雷というできごとは同時といってよいだろう．

　ではこのことを，目の前を通過していく列車に乗って観測してみる．ホームのあなたから見て，列車上の観測者の位置が，あなたにとって雷が同時に落ちたその瞬間にあなたの位置と一致していたとする．列車の上の観測者には，ホームの両端に落ちた雷はどう見えるだろうか．

　雷が落ちたことは光速で伝わる．そうしているうちにも列車は右の方に進行してしまっている．列車に乗っている観測者も右に移動している．ホームの左端から雷が落ちたことを知らせる光信号がホームの中点のあなたの場所まで来たときには，列車の観測者はもっと右に遠ざかっているから，まだ光信号は受けていない．逆にホームの右端に雷が落ちたという光信号はホームのあなたの場所まで来る前に，それより右に移動していて光信号に近づいている列車の観測者に到達する．

こうして，ホームのあなたには同時である落雷が，列車の上の観測者には，ホーム右端の落雷が左端の落雷より先だということになる……

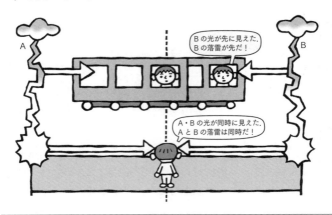

止まっているか動いているかでできごとが同時に起きたかどうかが変わる

　このようにどちらが先に起こったのかということは，観測者の運動状態によって違うのです．ホームの上の観測者にとって左右の落雷は同時に起こっていますが，列車の上の観測者にとっては右の落雷の後で左の落雷が起こったのです．

　あたかも時間の前後関係が逆転したように見えるだけ，ということではありません．われわれにとって，離れた場所のできごとは，実際の物理的手段によってしか知ること

はできないのですから，離れた場所で起こったできごとの前後関係は，観測者の運動状態によって実際に異なるのです．

　もしできごとを伝える信号としてたとえば音波を使ったとしてもできごとを知ることの同時性は崩れることになります．しかし，音波の伝わる速度は観測する人によって異なるので，超音速で追い越すこともできます．音波の場合は事件が起こったこと自体の同時性が破れるのではなく，単に連絡に遅れが生じるというだけのことになります．

「光時計」の思考実験

　宇宙から降り注いでくる宇宙線粒子は，有限の寿命で崩壊してしまうのですが，その理論的な寿命が地表に届くまでの時間より短いものがあります．そうすると，途中で崩壊してしまうわけですから，地上には届かないはずです．しかし，実際には観測されます．このことは，同時性の判定が観測者によって異なるということの考察を推し進め，運動している時計は静止している観測者から見ると遅れて見えることが導かれると考えると納得できます．

　地上から見ると，宇宙から光速度に近い速度で地球に降り注ぐ宇宙線粒子の寿命は，粒子の「時間の遅れ」によって，静止している場合の寿命より長くなります．それで成

層圏や大気を突き抜ける時間的余裕ができ，地上でも観測できるのです．このような運動する物体の「時間の遅れ」を導く思考実験はいくつもありますが，ここでは「光時計」の思考実験を見てみましょう．

Thought Experiment

　上下方向の間隔があって，下に光源が，上に鏡がついた装置がある．この装置で光が上下に往復するのにかかる時間を 2t とする．次にこの装置が右方向に速度 v で動いているとする．この装置に乗って運動している観測者にとっては光の往復にかかる時間は 2t である．しかしこの動いている装置の外で静止している人から見たらどうなるか．

　その人から見れば光の進路は，右斜め上に直進し，鏡に当たって反射して今度は右斜め下に進行して丁度その位置まで移動してきている装置の光源に当たるだろう．すなわち静止している観測者にとっては，光が光源と鏡の間を往復する経路は長いのである．光速 c は一定なので，往復する時間も長くなる．つまり，同じ現象が完了するまでにかかる時間は，運動している観測者にとっては 2t だが，静止した観測者にとっては図からわかるようにそれより長い 2t' となる．すなわち，運動している時計はあまり進まず，遅れて見えるわけである！　この長さを図から計算すると，時計の遅れが導かれる．

$$t' = \frac{t_0}{\sqrt{1 - v^2/c^2}}$$

動いていると時計が遅れる

「空間的距離の相対性」の思考実験

こんどは，時間ではなく空間のほうについて考えてみましょう．長さを測定するときは，物体をものさしにあて，一方の端でものさしに印を付け，もう一方の端もものさしに印を付けてその差をとりますね．しかし，その作業の間に物体が動いてしまっては意味がありません．印をつけるのが「同時」であることが必須なのです．それなのにその同時性が運動状態によって変わってくるから，運動状態によって長さも変わってくるのです．

> ホームの長さをLとする．ホームに対して速度vで運動している列車の中にある時計はホームから見るとゆっくり進むように見える．したがって列車がホームの長さを通過するのにかかる列車にとっての時間は少なくてすむ．その列車にとって通過にかかる時間に，列車の速度をかければ，列車の上から見たホームの長さになる．列車から見ればホーム上の観測者に比べてかかる時間が少ないのだから，それはホームの上で測ったホームの長さLより短く見える．列車から見れば，運動しているのはホームのほうだから，運動する物体（ホーム）の長さは収縮するわけである．運動は相対的なので，反対にホームから見れば列車の長さが短く見える……

このように，光速が一定であることを前提にすると，たがいに一様な運動をする座標系の間の変換は，光時計の思考実験で出てきた式ともあわせて，たがいに等速直線運動をする座標系の間での時間・空間座標のローレンツ変換とよばれる式にまとめられます．

このローレンツ変換は，空間の3次元と時間の1次元を統合して，4次元空間を想定すると簡潔に記述できます．この4次元空間では空間と時間がある意味で混ざり合います．なぜなら，運動している座標系での時間を表す式に

は，元の座標の空間の位置を表す値とともに元の座標での時間の値が入っていますし，同様に運動している座標系の時間を表す式には，元の座標での時間を表す値とともに元の座標での位置の値が入っているからです．

詳細は割愛しますが，このことが，特殊相対性理論の帰結として有名な「質量とエネルギーの等価性」，すなわち「$E = mc^2$」という式を導きました．わずかの質量が消えることが莫大なエネルギー放出を起こすという原子爆弾などの核エネルギー利用の道を開いてしまったのです．

特殊相対性理論の2つの柱

特殊相対性理論が提出された直前の時代の，実験物理学の状況はどうだったでしょうか．当時，光はエーテルという媒質の波動だと考えられていましたから，光速はエーテルに対しての速度ということになります．地球は宇宙空間で太陽をめぐる公転運動をしていますから，エーテルに対して運動していることになります．いわばエーテルの風を受けていることになります．だとすると，ガリレオの相対性原理に従えば，地球の運動方向とそれと直角な方向では，光速が違うはずです．それを実験で精密に確かめようとした実験物理学者がいました．マイケルソンとモーレーの1887年の実験です．しかしその結果は，光速はどの方向

に対しても一定でした．地球はエーテルに対して絶対静止しているとでもいうのでしょうか．

先に出てきたローレンツ変換に名前を残すオランダの物理学者ヘンドリック・ローレンツは1904年までの一連の論文でこの問題に対応しようとしたのでした．

ローレンツの理論は，数式的な結果だけ見れば，アインシュタインの思考実験の結末と同じでした．しかし，実験結果を，第一原理からではなく，現象論的なその場しのぎの理由不明な仮説で正当化しようとするものでした．

一方，アインシュタインの特殊相対性理論はそうではなくて，同時性という物理学にとって最も基本的な概念を，実際に世界を認識する手段に即した方法によって定義する

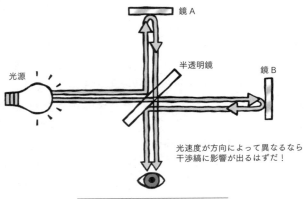

マイケルソンとモーレーの実験

ことにより，実際の自然を表す原理と物理学理論のあるべき姿の原理，すなわち

(1) 光速度不変の原理
(2) 特殊相対性原理

からごく自然にローレンツ変換の公式を導けたのです．
　(1) は，どんな速度の運動をしている観測者が観測しても，その観測者に対しての光の速度が同じであるという，現実の自然界の事実です．
　また (2) は，物理法則はどの慣性系でも同じに記述されるという内容です．「慣性系」とは，ものが力を受けなければ等速直線運動をして見えるという「慣性の法則」が成立する座標系のことをいいます．どの慣性系も特権的地位はない，すなわち絶対的な座標系はないのだということです．
　この 2 つの原理はニュートン力学的な考えでは両立しないのですが，それを両立させる代償として，アインシュタインは時間と空間の概念を覆すことになったのです．これはいわば絶対空間と普遍的な時間という神の視点から，人間の視点への変更です．
　同時期に建設された量子力学と同様ですが，近代合理主義的認識から観測者が介入する世界観へと転換した，まさ

に科学革命だといえるでしょう．絶対的な物理現象の舞台としての空間と時間．それらは葬り去られ，観測者に相対的な実際の物理的過程に依存する世界認識が取って代わったのです．

Conclusion

同時性の判断基準は何なのか，それを問うのがこの章の思考実験です．結論としては，光速を上限とする速度の信号で情報が伝わってきて，事件が発生したことがわかったときを基準にして，前後関係を判断するしかないのです．その観察をしている人，あるいは事件を起こしている物体の運動状態によって，事件発生の前後関係まで変わってしまうことになります．

このことは，技術的制約によってそのような順序に見えてしまうだけ，ということではありません，その観測者ごとの時刻の順序がすべてなのです．それを超越するような，すべての観測者に対して普遍的な真の時間などというものはないのです．このことから，運動物体の寿命が延びるとか，長さが縮むなどの効果も導かれます．

実験 File 17
加速するエレベーター

加速度と重力は同じなんだ！

自由落下する瓦職人

「自由落下」とは，重力以外の力を受けない，そのまま落ちていく運動のことをいいます．日常会話としてはあまりなじみがない言葉なのですが，一般相対性理論においてはものすごいキーポイントなのです．アインシュタインがまだ20代のころ，大学の職がなく，スイスのベルンで特許局の審査官をしていたときです．アインシュタインは，一般相対性理論をつくりあげている最中に，過去に瓦職人が誤って屋根から転落した光景を思い出し，「自由落下する座標系から見れば重力が消える」ということを確信して，重力の理論である一般相対性理論を構築しました．つまり自由落下は一般相対性理論の考え方のもとになっているのです．

私たちが日常のなかで強い重力や無重力のようなものを感じたければ，遊園地が一番てっとり早いでしょう．力学においては遊園地を題材にした教養番組がたくさんありま

す．ニュートン力学の説明にはジェットコースターがよく使われていますが，もう一歩足を踏み出せば，実はそこに一般相対性理論の本質が隠されているのです．ちょっと遊園地にある乗り物を想像してみましょう．高い場所から一気に落下する「フリー・フォール」．あれは落ちるときに身体が軽くなる無重力感を味わい，地上で止まるときには身体が重くなる，いわゆる「Gがかかる」という体験をすることができます．ジェットコースターだって頂上付近ではふわっとしますし，下降から上昇に反転する付近では，強いGを感じます．このように遊園地は力学の宝庫なので，力学を解説するTV番組などで多く取り上げられるわけです．

　それでは，もう一歩踏み出して一般相対性理論の勉強をしてみましょう．

自由落下するエレベーター

　落下する瓦職人の思考実験をもう少し明確化してみます．

Thought Experiment

　瓦職人を自由落下するエレベーターに乗っている人に置き換えれば，自由落下するエレベーターの中の人は重力を感じないだろうということになる．つまり，エレベーターの中の人にとってはエレベーター内が無重力状態

の空間に見える．その人も，その人が手のひらにのせている物体も，どれも同じ加速度運動で落ちていくわけだから，落ち始めたときに相互の位置関係が変化しつつあったのでなければ，エレベーター内の物体の間の相対的な位置関係は時間がたっても変わらない．すなわち無重力空間である．

しかし，外から見ている人にとっては，エレベーターの中の人はエレベーターと一緒に，重力の働いている空間の中を等加速度で落下しているように見える．

ということは，加速度運動する座標系から見れば，エレベーターの中の空間という局所的な空間では重力が消えているといえるのではないか……

エレベーター内の人には，物が浮いているように見える

落下する人から見ると重力が消えている

それでは、こんどは、重力の働いている空間中で自由落下するエレベーターとは逆の状況を考えてみましょう。無重力空間で加速するエレベーターの思考実験です。

無重力空間で加速するエレベーター

Thought Experiment

無重力空間に置かれたエレベーターを、エレベーターの上の方向にどんどん速くなるようにワイヤーで引っ張りあげることにする。

もしその加速度運動が、地球上の重力加速度と同じ 9.8 m/s2 の加速度だったら、エレベーターの中の人は上昇してくる床に押しつけられて、地上にいるのとまったく同じ重力を感じるだろう。床に押しつけられる原因はエレベーターの中の人には慣性があって直前の運動状態を保とうとするので、エレベーターの加速度運動についていけずに抵抗するからである。

エレベーターが動き出す瞬間にエレベーターの中の人が手に持っていた物体を離せば、その物体はエレベーターの外から見れば止まり続けるが（無重力空間なので）、エレベーターの中の人にとっては、手を離れた物体が重力加速度と同じ 9.8 m/s^2 で床に向かって落ちていくように見えるだろう。なぜならエレベーターの床そのもの

が $9.8 \mathrm{~m/s^2}$ で手を離れた物体に接近して来るからである．

　ようするに，エレベーターの中の人には，物体が床に向かって落ちていくと見える．つまり，地球上と同じ重力があるように見える．しかし，エレベーターの外から見ている人には，無重力空間でエレベーターが上に向かって加速しているように見えるのである．

　エレベーターの中の人にとって，エレベーター内のすべての物体の運動は，地球の重力加速度の中での運動と同じだから，エレベーターの箱の中にいて外を見なければ，エレベーターが無重力空間中を加速度運動しているのか，それともエレベーターの外に地球があって，その重力のため地球に引きつけられているのか区別がつかないはずである！

重力なのか加速度運動なのか区別できない

この思考実験でわかったことは，運動状態が変化することに逆らおうとする性質（慣性）による力と，物体の間に働く重力による引力は区別できないということです．これがいわゆるアインシュタインの「等価原理」です．

重力によって光も曲がる

加速するエレベーターの思考実験によれば，光が重力の働いている空間の中で曲がって進むということも理解できます．

Thought Experiment

加速するエレベーターの思考実験で，エレベーターの側面左側の窓から光線が入るとする．光線が左の窓から入って右の壁まで進む間に，エレベーターは上昇してしまっているから，入射してきたときより低い位置に当たる．もちろんエレベーターの外から見ていれば光線は水平に直進しているだけであるが，エレベーターの中では光線は曲がって進む．

よって，等価原理により，光は重力の働いている空間中で曲がることがわかる……

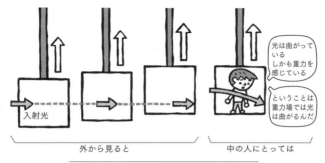

重力の中にいる人から見ると光は曲がる

一般相対性理論

アインシュタインは,物体の慣性は宇宙全体の質量分布に対する相対的な関係から決まるという「マッハの原理」（実験 File15 参照）の考え方の影響を受けて,「等価原理」と「一般相対性原理」とを,2つの指導原理として一般相対性理論（1916）を建設しました.等価原理は,この章で見たエレベーターの思考実験によって到達した指導原理のことです.もう一つの一般相対性原理とは,光速度のパラドックス（実験 File16 参照）で見た特殊相対性理論を拡張しようとする原理です.特殊相対性理論は慣性系（という特殊な）系の間の座標変換だけを取り扱っていたのですが,一般相対性原理は,特殊相対性理論に比べてもっと一般の

運動である，加速度運動をしている座標系の間での座標変換まで扱えるようにしたものです．たがいに加速度運動するどの座標系でも物理法則は同じに記述されなければならないというわけです．

そのようにして建設された一般相対性理論は，ニュートン力学では記述しきれない，重力が非常に強い場合などにも適用できる拡張理論となっています．天体物理学，宇宙論で大活躍する必須の基礎理論です．身近なところでは，自分のいる位置を，人工衛星を使って精密に測定するGPSに利用されています．GPSで位置を決めるためには人工衛星上の時刻の精密測定が必要なのですが，高速で飛んでいるための特殊相対論的補正のほかに，一般相対論的補正が必要になります．なぜなら人工衛星は地上より地球の重力の弱い高度空間を飛んでいますので，時間の進み方が地上よりごくわずか速いからです．

実験による実証としては，たとえば，光線が強い重力で曲げられることは，実際に1919年に起きた皆既日食のときにイギリスの天文学者アーサー・エディントンによって観測されました．太陽の大きな質量による重力によって，太陽の背後方向にあるはるかかなたの恒星が違う方向に見えたのです．太陽のまばゆい光が月に隠される日食だったために，このような現象が観測できたのです．

一般相対性理論は，数学的にはリーマン幾何学というち

ょっと難しい理論を使うのですが，その物理学的な本質は，この章で見たような思考実験によってもたらされたことなのです．

> ## Conclusion
> ものが重力によって落ちるとき，その落ち方は質量の大きい小さいには関係しません．このことは，ニュートンの重力理論では，運動の慣性と重力がともに質量に比例しているという，理由のわからない偶然の一致によるものでした．しかしアインシュタインは，屋根から落ちる瓦職人の思考実験からヒントを得た，重力と加速度は区別がつかないというアイディアを原理にして，重力の理論である一般相対性理論を構築しました．それは，重力を時空の幾何学として記述する，単純で美しい理論となりました．思考実験から理論を構成していくこの一般相対性理論のやり方は，理論物理学のお手本といわれています．

実験 File 18
ハイゼンベルクのγ線顕微鏡

量子力学の不確定性がもつ本当の意味とは!?

誤解され続けてきた不確定性原理

　量子力学は，電子や光の量子といったミクロな世界を記述する理論です．現代科学技術文明の基礎を提供しています．しかしそこでは日常世界の常識や直感ではとうてい解釈しきれない不思議な現象が起こっています．それはわれわれの古典物理学的世界観の変更をせまってきます．

　そのような量子力学の理論体系のおおもとになる原理は何でしょうか．体系の出発点になる原理をどれにするかは，いろいろ選択肢があります．でも，ほとんどの量子力学の教科書では，「ハイゼンベルクの不確定性原理」を物理的な概念の基礎として説明しています．量子力学といえば不確定性原理というぐらいたいせつなものです．

　その原理は，おおざっぱな言い方をすると，「ミクロの世界では，粒子の位置と運動量を同時に決められない」ということです．ちなみに，マクロな日常世界を記述する古典力学（ニュートン力学）では，技術的制限を除けば，位

置と運動量はいくらでも精密に決められます.

不確定性原理を説明するために，ヴェルナー・ハイゼンベルク（1901〜1976）は「γ線顕微鏡」の思考実験を提案しました．それは電子の位置と運動量を同時に決めるためにγ線で電子を観察する顕微鏡です．電子の位置と運動量は，片方なら精密に決められますが，両方とも同時に測定しようとすると精度の積に制限が出ることを思考実験で示そうとしたものでした．

現在では，不確定性原理でいう限界付近での超精密測定が現実にできるようになりました．光通信ではそのような測定精度の限界が，現実に光通信の技術的制限の問題となっています．しかし，量子力学が誕生した時代には，そのような超精密測定は望むべくもなかったので実験をすることなどとうていできませんでした．とはいえ，量子力学の基本中の基本ですから，思考実験に訴えて物理学者たちの理解につとめようとしたのでした．

ところが，不確定性原理はあいまいなままずっと，類似だが別物である概念と混同されてきました．「γ線顕微鏡」は，測定過程にともなう物理的な擾乱を検討するために考案された思考実験です．一方，量子力学の枠組みから測定値のバラツキを評価して導出される「不確定性関係の式」はそれとは違う状況に対する関係式です．現れる概念がまったく違うのに，両者を混同してしまってきたのです．同

じことを思考実験で示したのと数学的に導出したものであり,単に説明方法が違うだけだという誤解です.

「γ線顕微鏡」思考実験は,位置と運動量という2つの量を1つの電子に対して同時に測定しようとします.「不確定性関係の式」のほうは,電子の位置という1つの量を測定する実験と,電子の運動量を測定するというやはり1つの量を測定する実験を,同じ量子力学的な状態にある,それぞれ別々のたくさんの電子に対してくり返し測定し,統計的に評価するものなのです.

20世紀終わりごろから,光通信や量子コンピュータ,量子暗号などの研究の発展により,この違いはよく認識され,「γ線顕微鏡」思考実験の意味での不確定さと,量子力学での状態というものが内在的にもつ不確定さの,両方の不確定さを取り入れた議論がされるようになっています.両者の違いについては,順を追って説明しますので,まずは,ハイゼンベルクが提出した思考実験(1927)を見てみましょう.

「ハイゼンベルクのγ線顕微鏡」の思考実験

登場するのは,電子,γ線,そして観測装置の顕微鏡です.

Thought Experiment

　ミクロ世界の電子の位置と運動量を同時に測定しよう．マクロな粒子なら，測定されることによって，自分の状態が乱されることは少なく，理想的にはゼロに近づけられる．しかし，ミクロな電子では，測定のための相互作用が電子の状態を乱してしまう．この測定の反作用の効果を見てみるのが「γ線顕微鏡」の思考実験である．マクロな世界だったら光を当てて「見る」ところだが，相手はミクロの物体なので，波長のより短い，すなわち振動数の高いγ線を当てる．波長が短いとより細かいスケールまで測定できるからである．

　まずは大筋の発想を言葉で説明しよう．電子の位置をγ線の顕微鏡で測定する．その測定精度は顕微鏡の対物レンズの口径とγ線の波長で決まる．口径が大きいほど精度は高く，またγ線の波長が短いほど精度は上がる．位置の測定精度を上げようとして，γ線の波長を短くしていくと，γ線の粒子としての運動量もエネルギーも増大する（p.185「アインシュタイン－ド・ブロイの関係式」参照）．その結果，測定される粒子ははじき飛ばされてしまって，運動量がわからなくなってしまう！　これが大筋である．

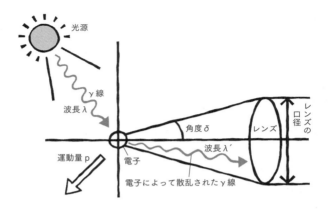

γ線は,電子を動かすためにエネルギーを使い,自分のエネルギーが低下して波長λ′(>λ)となる(エネルギーを失うと波長は長くなる).

<u>「ハイゼンベルクのγ線顕微鏡」のしくみ</u>

　光源から出たγ線を,原点に静止している粒子に当てます.電子の位置の不確定さはどれだけでしょうか.光学理論によれば,レンズの口径によって分解能は制限されます.レンズの口径が大きいほうがより細かいスケールまで測定できるのです.電子の位置からレンズを見込む角度をδとすると,位置の不確定さΔxは

$$\Delta x \simeq \frac{\lambda}{\sin \delta} \quad \cdots\cdots ①$$

となります.λはγ線の波長です.

　量子力学では,光(γ線)も物質によって散乱されると

きに粒子的にふるまうということを用いて計算を行います.それは「コンプトン散乱」といって,γ線が散乱される際に,散乱されて出てくるγ線の波長が長くなっているという現象です.これは電子とγ線が両方とも粒子であるとして,エネルギー保存法則と運動量保存法則を満たすように散乱しているのと同じことになっています.

すると電子の運動量の不確定さΔpは

$$\Delta p \simeq \frac{h}{\lambda} \sin\delta \quad \cdots\cdots ②$$

となります.hは「プランク定数」とよばれる,ミクロの世界のスケールを決めている物理定数ですが,これが忍び込んできたのは,コンプトン散乱の計算をする際に波長とエネルギーを結びつける「アインシュタイン－ド・ブロイの関係式」（p.185参照）に由来します.①×②より,

$$\Delta x \times \Delta p \simeq h \quad \cdots\cdots ③$$

となります.これは,ΔxとΔpの積はプランク定数の程度であるということを意味します.位置を精密に測定しようとする,すなわちΔxを小さくしようとすれば,その見返りとしてΔpは大きくなって運動量はわからなくなる.逆もしかり.極端な場合,片方をゼロにしようとすれば,もう一方は無限大ということになります.両方がゼロになることはないのです.

ここで，個々の顕微鏡を特徴づけるパラメーターδは最後の式③からは消えていることに注意してください．この関係は顕微鏡の違いにかかわらず一般に成り立つということです．

　ハイゼンベルクによる思考実験は量子力学の言葉でいうと，「非可換量同時測定問題」です．非可換量とは，位置と運動量のように，量子力学では同時には決められない物理量のことです．

　よくできた思考実験で，その目的を十分達成していると思います．しかし，この思考実験の結果である③式を，まったく別の概念に関する思考実験であるかのごとく誤解・混同してしまいがちなのです．そのことを次に説明しましょう．

位置と運動量を同時に観測するのではない

　量子力学の教科書には，ハイゼンベルクの思考実験の式に類似した式
$$\Delta x \times \Delta p \geq \frac{h}{4\pi} \quad \cdots\cdots ④$$
が出てきます．こちらの不等式はハイゼンベルクの「不確定性関係」です．

　この場合のΔxとΔpは，思考実験のように2つの量の

同時測定での不確かさ・精度という意味合いではありません．それぞれ，どちらか片方の量だけを何回も測定した結果について，たとえば，位置なら位置を何回もくり返し測定した結果にどれくらいバラツキがでるかということです．つまり，「不確定性関係」の状況はくり返し測定での統計学的な設定なのです．

　同一の状態に準備された多数の電子の集団があるとします．その集団の一部の電子それぞれに対して位置だけの（運動量ははからない）測定を精密に行います．一方で，集団の残りの電子に対しては運動量だけの（位置は測定しない）測定を何度も精密に行います．ここで「何度も」といっているのは，1つの電子に1回しか測定はしないのですが，多数の電子について測定するという意味です．

　量子力学は確率的な予測をする理論ですから，測定結果はばらつきます．位置だけを測定したときの測定結果のバラツキをΔxとします．また運動量を測定したときのバラツキをΔpとします．この別々の2つの実験で得られる結果の間の関係式が「不確定性関係」なのです．

　不等式④を見ると，位置 x かまたは運動量 p の片方だけなら限りなくバラツキが少ない量子力学的状態がつくれます．その一方で，そのような状態ではもう片方の値はまったく不定になってしまうことがわかります（Δxを小さくすればするほどΔpは大きくなりますね）．また，$h \to 0$ な

ら両方とも決定できることが見て取れますね．この極限を「古典極限」といいますが，これは，古典力学では位置と運動量の両方とも同時に測定できることに対応します．

実は，この「不確定性関係」は量子力学だけに特有の関係ではありません．この関係式は波動現象に一般に成り立つ式なのです．古典力学的な波動でも成り立つ不確定性関係式なのです．量子力学では粒子も波動性をもちますので，「アインシュタイン-ド・ブロイの関係式」を使って，粒子を特徴づける量に読み替えれば，ハイゼンベルクの不確定性関係式になります．

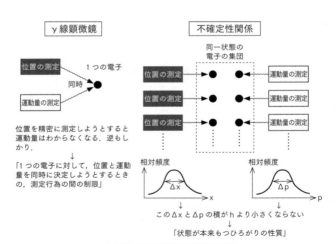

２つの「不確定性」の違い

重要なのは,「γ線顕微鏡」の思考実験は測定するという行為による不定さの関係なのに対して,「不確定性関係」のほうは測定ではなく, 状態が本来的にもつ不定さに関する概念だということです. しかし多くの書物は, 測定の反作用の影響と, 量子力学本来の状態のもつ不確定性を混同するか, 違いをあいまいにしていたのです. ハイゼンベルク自身も1929年の講演では,「γ線顕微鏡」の思考実験を精密化したのが「不確定性関係」の不等式だという説明をしているそうです. もちろん, 測定の反作用や擾乱といった概念と, 状態がもともともつ不確定さがまったく関係ないわけではありませんが, 別々の概念であることははっきりさせておかなくてはなりません.

技術者の実践的応用が基礎的・哲学的議論を切り開いた

　というわけで, ハイゼンベルクの「γ線顕微鏡」思考実験はハイゼンベルクの「不確定性関係」とほとんど同じ式を導きますが, その式の意味はまったく違います. この2つが異なることについては, 1965年にアーサーとケリーという物理学者が言及しています. ところがその論文はほとんど知られないままで, 量子力学の哲学を研究する人だけが知っている状況でした.

ところが 1980 年代後半ごろから状況が大きく変わりました．「非可換量同時測定問題」という研究テーマができたのです．これはまさにハイゼンベルクの思考実験を，量子力学の数学理論で研究するものです．

「γ線顕微鏡」思考実験のような状況では，測定の不確定さと量子力学的な状態がそもそももつ不確定さの両方があり，位置の不確定さと運動量の不確定さの積は，従来の「不確定性関係式」の 2 倍の下限をもつことがわかりました．

これらの研究を主導したのは物理学者ではなくて，光通信技術者たちでした．超精密測定技術の発達からハイゼンベルクの「γ線顕微鏡」の状況が実際に実現できるようになり，そのような状況での通信や位置決めなどをする必要に迫られたのです．ハイゼンベルクの「不確定性関係」を破って，もっとよい精度での測定ができないかなどの研究がなされました．

こうした，量子力学を開発して物質の理論に応用することを研究してきた物理学者と，後発でもっと現実的な場面での応用に関心のある技術者の間の，量子力学の基礎概念に対する理解のねじれ現象は，科学技術者の社会を研究する科学社会学のよいテーマです．応用の極の現実問題こそが基礎的，哲学的問題に直結したのです．そもそも，量子力学の起こりである量子論は，ドイツの鉄鋼産業のための

研究の副産物（1900年「黒体放射のプランクの法則」）として生まれたものでした．

現在では，ハイゼンベルクの「不確定性関係」は「小澤の不等式」（2003）に一般化されています．そこでは，ハイゼンベルクの「γ線顕微鏡」に現れる測定精度や誤差といった概念と，量子力学的状態が本来もつ統計的なバラツキの概念が両方取り入れられています．

γ線顕微鏡の位置と運動量の測定誤差概念を，ε_x，ε_pと書きましょう．それと区別するために，量子力学的状態であることが引き起こすバラツキをσ_x，σ_pと書き分けましょう．すると小澤の不等式は下のように表されます．第1項がちょうど「γ線顕微鏡」の思考実験で扱われた概念に相当するのです．

$$\varepsilon_x \times \varepsilon_p + \sigma_x \times \varepsilon_p + \sigma_p \times \varepsilon_x > \frac{h}{4\pi}$$

Conclusion

不確定性関係は量子力学の基本となる概念です．ミクロの世界を記述する量子力学では，同時に精密に決定できない物理量があり，その物理量測定「精度」間の関係式が，不確定性関係です．この関係式から量子力学の数学体系を構築できる重要な概念なのです．

ところがそんなたいせつなものなのに，同一の粒子に対する「同時」測定精度に該当するものなのか，それとも「同時に決定できない」量を別々の粒子に対して測定したときのバラツキについての関係式なのか，物理学者や量子力学の教科書の間で，誤解と混乱があったのです．

　というのも，関係式の解釈が異なっていても，実用上は困ることはほとんどなかったからです．しかし現在では，その違いが問題になるまでに，先端技術は進歩しています．

> Column

アインシュタイン―ド・ブロイの関係式

ミクロの世界の粒子は,波動としての性質ももっています.「粒子性」はとびとびの値をとったり,1個2個と数えられたりすることを意味し,「波動性」は干渉したり2つの状態を重ね合わせたりできることを意味します.

粒子の状態を特徴づける物理量は「運動量」と「エネルギー」です.一方,波動の状態を特徴づける物理量に「波長」と「振動数」があります.

アインシュタインは「光電効果の理論」(1905)で,古典力学では波動と考えられていた光にとびとびの粒子性があるとする「光量子仮説」を提示しました.それによって,粒子性を表すエネルギー E と波動性を表す振動数 ν を関係づけました.ルイ・ド・ブロイ(1892〜1987)は,「物質波の理論」(1924)で,古典力学では粒子と考えられていた電子について,粒子性を表す運動量 p と波動性を表す波長 λ を結びつけました.「アインシュタイン―ド・ブロイの関係式」は次のとおりです.

$$p = \frac{h}{\lambda}$$

$$E = h\nu$$

左辺のpとEは，電子または光を粒子と考えたときの運動量p，エネルギーEで，粒子性を特徴づける物理量です．一方，右辺は，電子または光を波動と考えたときの振動数ν，波長λといった，波動性を特徴づける物理量が出てきます．２つの式は両方とも次の形をしているのです．

〈粒子性を特徴づける物理量〉＝〈波動性を特徴づける物理量〉

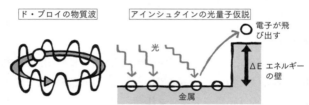

ド・ブロイの物質波

電子は波動としてつじつまの合う状態でのみ定常的に存在できる．

アインシュタインの光量子仮説

光は粒子としてエネルギーのやりとりをする．よって，光を強く（粒子を多く）しても，粒子のエネルギーが小さい（波長が長い）と電子は飛び出さない．

実験 File 19
シュレディンガーの猫とウィグナーの友人

生きているのでも死んでいるのでもないとはどういうこと!?

ミクロとマクロは違っていてもいいのか!

　量子力学は，ミクロの対象をマクロな観測装置で測定することを前提とする理論です．では，そもそもミクロとマクロというのは何が違うのでしょうか．論理的にいえば，ミクロもマクロもスタートはミクロです．ミクロが集まるとマクロになるというだけで，出所は同じです．けれども，日常生活でミクロを目にすることはまずないでしょう．

　このミクロの世界，謎に満ちていて．日常では起こりえないことがくり広げられています．こうした不思議なミクロの論理と日常の論理の間の不整合，つまりミクロとマクロの関係に折り合いをつけなければというのが，量子力学建設功労者のうちの何人かの思いでした．

　それに対して，すべてを知ることは原理的にできないというのが，量子力学の思想的指導者ニールス・ボーア（1885～1962）が提唱した「相補性原理」（p.202参照）で

す．その世界観のもと，とにかくミクロ世界の計算規則として大成功を収めつつある量子力学なのだから，難問に心を煩わされずに強力な理論的道具として用い，原子や分子，結晶など，いろいろな現実問題をズバズバ解いていこう．これが 1930 年ごろからの状況です．量子力学の「正統解釈」とか「コペンハーゲン解釈」などといいます（ボーアのいた研究所がコペンハーゲンにあって，世界中の量子力学を建設した天才・俊英たちが，ボーアを慕ってそこを訪問して，「コペンハーゲン教」に染まってしまったためこうよばれます）．

しかし，それに納得できないエルヴィン・シュレディンガー（1887〜1961）は，1935 年に「シュレディンガーの猫」という思考実験を提出して待ったをかけようとしました．この行動は，やはり量子力学に不満のあったアインシュタインの「EPR のパラドックス」（実験 File20 参照）と呼応するものでした．

「シュレディンガーの猫」を理解するためには，「重ね合わせ状態」という概念を知っておくほうがいいので，p.196 のコラムで説明します．聞いたことがないという方は，コラムを先に読んでいただればと思います．

「シュレディンガーの猫」の思考実験

量子力学の創始者の一人であり,「波動力学」という名前をつけられた量子力学理論の提示で知られるシュレディンガーは,量子力学における「波束の収縮」という概念の困難を示すために,グロテスクであるといわれる「シュレディンガーの猫」の思考実験を提唱しました(1935).ちなみに彼は,生物物理学の開拓者でもあります.心の哲学やインド哲学にも強い関心をもっていました.

Thought Experiment

猫が入っている箱の中に,α粒子を放出する放射性物質がごく微量に用意されていて,これをガイガーカウンターで計測しているものとする.カウンターが反応すると,それは青酸ガスの入っている瓶を割る装置につながっていて,ガスを吸った猫は死ぬ.つまり猫の生死によって,α粒子が放出されたかどうかを判断する測定器のようになっているのである.

α粒子の放出はミクロな世界での量子力学的な現象なので,放出が起こるか起こらないかは確率的にしかわからない.1時間の間にα粒子が出るか出ないかの確率は半々に設定されているとしよう.

それでは,1時間経過したので箱を確かめてみよう.猫の生死を確認するためには中身を直接見るしかない.

箱を開いて初めて実験結果がわかるのだから，あなたが箱を開くと，目の前には生きた猫か死んだ猫のどちらかの実験結果が待っている……

「シュレディンガーの猫」は生きているのでも死んでいるのでもない

　この思考実験の目的はどこにあるのでしょう．箱の中身さえ確認したら思考実験はおしまいでしょうか．いいえ，ここからがいちばん重要なポイント，まさにクライマックスです．通常，箱の中で起こっていることは，中身を確かめようが確かめまいが決して変わらないはずですね．ところが量子力学では違います．箱を開けるまでは生きている

か死んでいるか決まっていないのです．「見てないだけで中では死んでいるか生きているかのどちらかだ」ということではなく，「どちらでもない」というのです．このことこそ量子力学の神髄です！　これを業界用語では「重ね合わせ状態」といいます．

　猫が「生きているか死んでいるか決まっていない」とはどのような状態なのでしょう？　ふつうは「生きている」か「死んでいる」かのどちらかです．この結果を受け入れることができるでしょうか？

　シュレディンガーは，ミクロの世界では実証されている「重ね合わせ状態」から確定した状態への変化の概念（これを「波束の収縮」といいます．p.190 参照）を，マクロな対象にまで拡げたらどうなるかと考えたのです．それも生命のあるものに拡げてみて，生きている状態と死んでいる状態の重ね合わせは受け入れられないだろうと迫ったのです．それでは，シュレディンガーがこの思考実験で何を主張したかったのかを少し詳しく見てみましょう．

二重構造のままでいいのか
——量子力学の観測理論

　古典物理学では，その数学理論そのものが現実世界と対応づけされていて，理論のなかに現れる変数の値が現実世

界の測定値となっています.

　一方,量子力学は二重構造の理論です.物理的な系の将来を計算しようとするときには,状態の時間的変化を記述するシュレディンガー方程式を用います(p.196 参照).この方程式は決定論的な方程式です.波動関数とよばれる系の状態を表す関数の時間変化を計算する方程式で,ある時刻での波動関数が与えられれば,将来の波動関数は完全決定されて,方程式から計算できます.確率の要素はまったくありません.しかしその方程式の解である波動関数は現実世界と直接には結びついていません.方程式の解は,観測装置を使って現実の世界で測定される値の確率分布なのです.

　観測していない間はシュレディンガー方程式によって決定論的に変化する.しかし,物理的な量を観測しようとすると,その値は確率的にしかわからない.このような二重構造は困ったことです.量子力学の体系のなかで,「観測」という過程だけが,非決定論的な特別の地位をもっていることになります.しかしそうしないと,量子力学は現実の問題を説明できないのですからしようがありません.

　でもなんとか二重構造を引き起こしている観測過程をシュレディンガー方程式に統一的に解消して,一元論的時間変化にできないでしょうか.この課題に挑んだのが,量子力学の「観測理論」です.

20世紀最大の万能数理科学者といわれ，数学基礎論，量子力学，数理経済学（ゲーム理論），自己増殖オートマトン，デジタルコンピュータ，マンハッタン計画（第2次世界大戦時の原子爆弾開発プロジェクト）に大きな貢献をしたフォン・ノイマン（p.60参照）は，『量子力学の数学的基礎』という著書を1931年に出版しました．それは文字どおり量子力学を数学的に基礎づけたのみならず，量子力学の「観測理論」をも議論しています．

どこまで行っても断絶したまま？
——観測者の無限後退

量子力学では，観測によって得られる測定値の確率的な分布が，シュレディンガー方程式を解いて得られた波動関数から計算できます．この計算規則を「ボルンの確率解釈」といい，どの値になるかは確率的にしかわかりません（p.196参照）．どれかの値が得られると，波動関数のほうは，シュレディンガー方程式を解いて得られた形から突然に，その測定された値に集中した形に変わります．これを「波束の収縮」といいます．

ところが，量子力学は，そのままでは理論をどういじくろうとも，シュレディンガー方程式を用いた時間変化から「波束の収縮」を導き出せません．

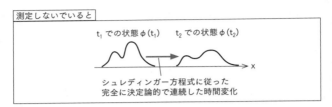

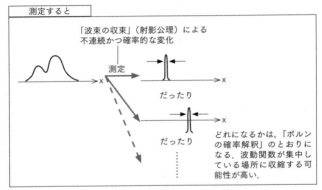

「シュレディンガー方程式」と「観測」の関係

フォン・ノイマンは逆に「ボルンの確率解釈」と「波束の収縮」を量子力学の公理（理論の出発点の基本的仮定で、その理由は詮索しない）にしてしまって、「射影公理」とよびました．

ではその「射影」という事態，すなわち「波束の収縮」が起こるのはどういうときなのでしょう．波動関数の時間変化が，シュレディンガー方程式と射影公理との2つに二

元論化してしまった以上,理論のなかにその使い分けの規定がなくてはりません.

考えられるのは観測装置との相互作用以外にあり得ません.観測しなければシュレディンガー方程式,観測すると射影公理にしたがうということです.観測という行為はマクロな観測装置で行うのが必須ですから,そこでは観測装置のマクロ性が本質的役割を果たすでしょう.

フォン・ノイマンはミクロの対象と観測装置の両方を量子力学で記述しようとしました.マクロな観測装置であってもそれはミクロの粒子からできているのですから,原理的には量子力学に従うべきです.

ところが観測装置まで込みにして考えた波動関数を導入しても,重ね合わせから波束の収縮は導けませんでした.そこで,ミクロの対象と観測装置を含めた全体を観測する第2の観測装置を導入しましょう(「シュレディンガーの猫」でいえば,ミクロの対象がα粒子で第1の観測装置がガイガーカウンター,第2の観測装置が猫だというように思ってください).しかしそれでも事態は変わりません.以下同様に,第3の観測装置,第4の観測装置……と導入していってもやはりだめです.これを「観測者の無限後退」といいます.

フォン・ノイマンはミクロな対象と観測者の境界(「切断」という言葉を使います)を,どの段階に入れても事態

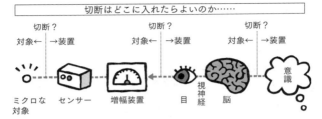

は変わらないことを示しました．この切断をはさんでミクロ側が量子力学の世界で，切断の反対側がマクロ側の日常言語で語られる世界です．観測者の後退とは，切断をマクロ側にシフトしていくことで，ミクロ世界が観測者の側に拡がってはいきますが，マクロ世界との切断は存在し続けます．

そこで，フォン・ノイマンは，意識が認識することが波束を収縮させるという可能性を示唆しました〔実際には，ブダペストの高校生時代からの友人である数理物理学者ユージン・ウィグナー（1902〜1995）の考えのようです〕．観測するということの物理的しくみは，脳が最終到達地点だからです．

「ウィグナーの友人」の思考実験

フォン・ノイマンのいうように意識が波束を収縮させるとしたら，その意識を司る脳の状態の波束を収束させるのは何でしょうか．この問題に関して，「ウィグナーの友人」というウィグナーが提出した思考実験があります．

Thought Experiment

「ウィグナーの友人」は，「シュレディンガーの猫」の思考実験で猫が果たしている役割を，ウィグナーの友人という，意識をもった人間で置き換えたものである．青酸ガスを使うと友人が死んでしまうから，ここではガスを使わず，友人自身がガイガーカウンターの作動を監視してカウンターが作動したらそのことを記憶する．そして，1時間後にウィグナーが，箱の窓を開けて，中の友人を確認することにする．

この思考実験の場合，どの段階で放射性元素の崩壊による α 粒子の放出を観測したことになるのか．箱の中にいる友人が，ガイガーカウンターが鳴るのを聞いたときか．それとも1時間後にウィグナーが箱の窓を開いて，友人に「ガイガーカウンターは鳴ったかどうか」を聞いたときか？

ウィグナーの友人は猫とは違うのか

　ウィグナーにとっては,箱の窓を開くまでは,友人も含めた箱の中全体は重ね合わせの状態です.しかし,箱の中にいた友人は1時間後に窓が開いてウィグナーがのぞき込むまで自分自身が「重ね合わせ状態」であったとは思いもよらないことでしょう.自分が,α粒子を観測した状態としない状態のどちらでもない重ね合わせだったなんてばかげています.友人にとっては,もし仮にα粒子の崩壊を観測した場合なら,その時点で観測は終わり,波束は収縮したはずです.

　ウィグナーは意識が認識することによって波束は収縮するという説を出しました.その説に従うなら,ウィグナー

が箱の窓を開くまでは，箱の中の友人は「重ね合わせ状態」にあります．つまり，観測を行って認識・記憶し会話もする友人が，箱の外のウィグナーにとっては意識がない存在であるということになります．友人は外面から見れば人間と同じ行動や応答をするが内面的な感覚やクオリア（実験 File05 参照）をもたないゾンビと区別がつかないことになるわけです．

　このように自分だけが存在するという独我論に陥ってしまう「ウィグナーの友人」の思考実験は，むしろフォン・ノイマンとウィグナーの観測理論の破綻を示しているでしょう．

　「シュレディンガーの猫」の思考実験を提唱したシュレディンガーは，思考停止とも見えるボーアのコペンハーゲン解釈や，フォン・ノイマンとウィグナーに始まる観測理論に不満を抱き，量子力学にはなにか不完全なところがある，その追求は止めてはならないと主張したかったのでしょう．

「猫」は偉大だった！

　「波束の収縮」の問題を何とかしようとする試みはずっと続きました．観測装置で起こる不可逆過程が波動的干渉性を崩して「証拠」を残すことを重視した「エルゴード増

幅派」,波束の収縮なしの量子力学であるエヴェレットの「多世界解釈」,量子力学を未知のレベルでの統計力学に解消しようとする「隠れた変数の理論」など,多岐にわたる試みがなされてきています.それは現在でも続いている未解決の問題ですが,残念ながらここではこれらの問題に踏み込めません.

シュレディンガーは,自分が創始者の一人である量子力学が,おおぜいの主流派物理学者たちの手でどんどん実用的な道具としての方向に行ってしまうことに釘を差そうと,「シュレディンガーの猫」という話をつくったのかもしれません.そして確かに「シュレディンガーの猫」は,生命のような複雑な系では,巨視的に異なる状態の間の重ね合わせが,理論の原理から禁止されるようになっていなければおかしいだろう,という点を象徴的に示したといえます.

しかし,現代の先端技術は,生命でこそありませんが,猫のようなマクロな物体の状態の重ね合わせを実現しています.「巨視的量子効果」とか「巨視的干渉効果」といいます.たとえばSQUID（超伝導量子干渉素子）というデバイスを用いた測定では,マクロに見て異なる状態の重ね合わせである「シュレディンガーの猫状態」が観測されています.

だからといって,「シュレディンガーの猫」の思考実験の意義が薄れるというわけではありません.「シュレディ

ンガーの猫」は，量子力学の不思議さや量子力学の基礎概念を研究することにアイコンを与えて大衆化するという意義をもっているからです．実際，量子力学を扱う一般向けの本やサイトなどに「猫」という単語を入れる例がとても多いのです．シュレディンガー自身の意図とは違うかもしれませんが，「シュレディンガーの猫」の果たした役割は，むしろ，一般の人に量子力学的世界観に対する興味を抱かせたことのほうが大きかったのではないでしょうか．

Conclusion

　量子力学が古典力学と根本的に違うのは，「重ね合わせ状態」という概念です．「重ね合わせ状態」にある系に対して，測定を行った場合には，どちらかの状態での値が観測され，そのどちらであるかは確率的にしかわからない．その確率は重ね合わせの重みづけの値によって決まっているというのが，量子力学の確率解釈でした．

　この「重ね合わせ状態」とは，そのもととなった状態のどちらかが確率的に混ざっているのではありません．測定するまではそのどちらでもないのです．測定することによって，はじめてどちらかの値になるのです．

　この考え方は奇妙ではありますが，現実のミクロな世界の物理をうまく説明できました．しかし，原理的にい

えばミクロな系からなっているはずのマクロな系においては「測定するまでは,どちらの状態でもない」ことは受け入れがたいことを提示し,量子力学は不完全なのではないかと主張したのが,「シュレディンガーの猫」や「ウィグナーの友人」の思考実験でした.

波動関数

量子力学では1つの電子であっても,その状態は,「波動関数」という空間に拡がった関数で表されます.電子の波動関数が満たすべき方程式は「シュレディンガー方程式」といわれ,次のような式になっています(ここでは説明できませんが).

$$ih\frac{d\phi}{dt} = -\frac{h^2}{2m}\frac{d^2\phi}{dx^2} + V\phi$$

では,「波動関数」は何を意味しているのでしょう.量子力学の建設期には,物質が空間に拡がっているとか,物質粒子がどう運動するかを導く嚮導波(パイロット・ウェーブ)であるなどといった解釈もされました.しかしいろいろな矛盾が指摘されて,結局「ボルンの確率解釈」というものに落ち着きました.それは,「場所の関数である波動関数の,ある場所での値の絶対値の2乗が,その場所で電子が発見される確率を表す」という解釈です.

実際,電子の位置を表す波動関数を,シュレディンガー方程式を解いて得たとしましょう.その波動関数の絶対値を2乗すると,電子がその場所にいる確率を表す関数になります.そしてそれは,実験と完全に合致するのです.

ところで,量子力学の本質的な要素として「重ね合わせ

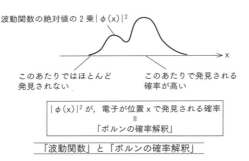

「波動関数」と「ボルンの確率解釈」

の原理」というものがあります．重ね合わせとは，一般に波動現象がもつ性質です．波動の状態を表す波動関数が2つあったとします．ϕ_1とϕ_2としましょう．それを足し算した関数，すなわち「$\phi_1 + \phi_2$」は，ϕ_1ともϕ_2とも異なる状態を表しているというものです．この「$\phi_1 + \phi_2$」という波動関数として表される状態を「重ね合わせ状態」といいます．

　量子力学でも，ある物理量の値が1つに決まっている状態があります．それを「固有状態」といいます．状態ϕ_1とϕ_2が，物理量Aの固有状態だったとしましょう．そして可能な状態はこの2つだけとします．状態ϕ_1でAの値を測定するとx_1，状態ϕ_2でAの値を測定するとx_2が測定されるとしましょう．この値のことを「固有値」といいます．

ここで2つの状態 ϕ_1 と ϕ_2 の,「$\phi_1 + \phi_2$」という重ね合わせ状態を考えます. 重ね合わせ状態「$\phi_1 + \phi_2$」で, 物理量 A を測定すると, 固有値のうちどちらかが観測されます. すなわち, A の値としては, x_1 か x_2 のいずれかが観測され, その中間的な値は観測されないのです. 量子力学がいえるのは, 2つの固有状態のどちらか, すなわち x_1 か x_2 が観測される確率のみです. その確率の値は, 固有状態を表す関数を足し合わす際の重みづけで決まります. 今ここで説明した例では重みを省略して書いていますが, その重みの絶対値の2乗が確率の値になります. たとえばその重みづけが, $\frac{1}{\sqrt{2}}$ ずつだとすると, 確率は $\frac{1}{2}$ ずつということになります. これが,「ボルンの確率解釈」です.

量子力学ではこの重みづけが「複素数」という, 日常世界には存在しない数で表されていて, そのことが量子力学の数学的な本質なのですが, ここではその説明は残念ながら割愛します.

それでは観測する前の重ね合わせの状態「$\phi_1 + \phi_2$」とは, 固有状態 ϕ_1 と ϕ_2 の確率的な混合なのでしょうか. たとえば, 集団のなかの $\frac{1}{2}$ だけの部分集団が固有状態 ϕ_1 であって, 集団の残りがもう一方の固有状態 ϕ_2 なのでしょうか. もしそうなら普通の確率論です. しかし, 量子力学ではそうではないのです. 確率という観点から見れば,

波動関数は,「確率」の「平方根」のような感じのもので,確率よりももっと豊富な情報をもっています.通常の確率と区別するために,「確率振幅」というよばれ方をすることもあります.

それでは違いはどこなのでしょうか.2つの波動関数 ϕ_1 と ϕ_2 があってそれぞれの波動関数が表す確率の値は,それぞれの絶対値の2乗, $|\phi_1|^2$ と $|\phi_2|^2$ であるとします.重ね合わせ状態の波動関数は,「$\phi_1 + \phi_2$」ですから,その確率分布は(ϕ が実数だとして説明しますと)

$$|\phi_1 + \phi_2|^2 = |\phi_1|^2 + |\phi_2|^2 + 2\phi_1 \times \phi_2$$

です.もし,現象が普通の確率論どおりに起こっているのなら,別々の独立な原因についての和になりますから,上の式右辺の最初の2つの項だけになるはずです.しかしミクロの世界では,右辺の最後の項(干渉項といいます)の分だけ違いが出てきます.さてここで,量子力学を含む波動現象では,重ね合わせをつくる際の重みづけは,正の値だけではなく負の値にもなります(量子力学ではさらに複素数になってしまいます).そこで ϕ_2 のほうの重みづけをマイナスにしてみましょう.重ね合わせ状態は「$\phi_1 - \phi_2$」です.

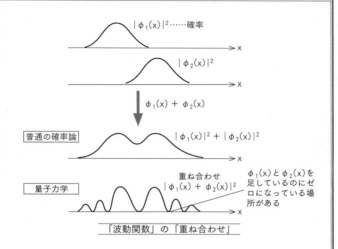

その確率は

$$|\phi_1 - \phi_2|^2 = |\phi_1|^2 + |\phi_2|^2 - 2\phi_1 \times \phi_2$$

となりますから,確率が減ってしまいます.こんなことは普通の確率論では起こりませんね.

右左に2つの穴があって砂がこぼれているとします.片方ずつの穴から落ちてくる砂のつくる山の形を足し合わせた形は,両方の穴から同時に砂を落としたときの砂山の形と一致します.ところが量子力学では,砂の代わりに穴から波を送ったようなことと同じ現象が起こります.もし

それぞれの波のピークと谷底が逆転していたなら,打ち消しあってゼロになってしまうこともあり得ます.これが「確率振幅」,すなわち「重ね合わせ状態」のもつ特性なのです.

また,波動関数 ϕ が粒子の位置の関数であり,その位置にいる確率振幅を表しているとしましょう.このときその絶対値の2乗がその位置に粒子を発見する確率分布になります.しかし,それは,先ほど述べたように,普通の確率論でいう確率分布以上の情報を含んでいます.

普通の確率分布であれば,それがある時点での確率分布を表しているとして,それ以降の状態変化はその分布がぼやけていくという変化をするだけです.それに対して確率振幅は,波動現象と類似した時間変化をします.つまり確率振幅の絶対値の2乗は確率分布を表しているのですが,その確率分布は(測定しなければ)波動関数という呼び名のとおりに波動的に変化するのです.確率振幅自身が,その時点の値だけでなく変化する向きまでの情報をもっているのです.

それが可能なのは,確率振幅が複素数という数で表現されるものであり,複素数は2つの数値の組みであることに起因します.

実験 File 20
EPRのパラドックスとベルの不等式

量子力学は不完全なのか!?

われ月見ず,されど月あり?

量子力学の建設に大貢献したにもかかわらず,完成した量子力学には批判的であったアインシュタイン.しかしその批判的態度に当時の主流派物理学者たちは冷たかったのです.孤独だった彼はインドの詩人タゴールに,「月を見ていないときにも月はあるのでしょうか」と問いかけました.

あとで紹介する「ベルの不等式」の解説に力を尽くした物理学者デビッド・マーミン(1935～)は,「われ月見る,故に月あり」という解説論文を書いています.この論文は,「月は見ていないときにもある」という「実在論」の考えでは,ミクロの世界における現実の実験結果を説明できないことを,思考実験で解説したものです.そして「非実在論」であるように見える量子力学ならそのような実験結果を説明できるというのです.

「実在論」とは,見ていなくても粒子の性質は決まって

いるという理論です．そして，空間的に遠く離れているとおたがいに影響を与え合うことはないことを前提とする理論を「局所論」といいます．これら2つの考えをあわせたのが「局所実在理論」です．これがアインシュタインの求めていたもので，量子力学とは対極にある理論です．

ミクロ世界の量子力学では，見ていないときにはその存在は実在ではありません．粒子の状態は観測するまではどちらの状態でもあり得るという「潜在」でしかないのです（「重ね合わせ状態」，実験File19参照）．観測という行為，あるいは観測装置との相互作用が粒子の状態という実在をつくり出します．実験File19で論じている「シュレディン

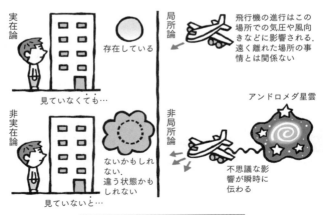

実在論 ＋ 局所論 ＝ 局所実在理論

ガーの猫」も，まさにこの不思議な世界観を表現した思考実験です．

それに，量子力学ではどんなに離れた粒子対でも，以前に相互作用したことがあるのなら，たとえアンドロメダ星雲まで離れたとしても，それらの2つの粒子を別々の存在として扱うことができません．これを「量子不可分性」などといいます．

いずれにしても，量子力学は局所実在論ではないのです．

量子力学は不完全か？
——アインシュタイン v.s. ボーア

さてそれでは，なぜアインシュタインは量子力学に批判的だったのでしょう．そしてなぜその考えに世間は冷たかったのでしょうか．その謎をひも解いてみましょう．

アインシュタインは量子論草創期に，「光電効果」という現象を，光はとびとびのエネルギーをもつ粒子のようにふるまうという「光量子仮説」によって説明して（1905），量子力学建設に重大な寄与をしました．その後，ド・ブロイによる物質波（1924）の提唱，シュレディンガーの波動力学（1926）とハイゼンベルクの行列力学（1925）という2つの数学形式の統一，量子力学的状態を表す波動関数の「ボルンの確率解釈」（1926）などの成果が続き，ミクロ世

界のクックブックとしての量子力学は完成していきました.

しかし,量子力学的対象の「粒子性」と「波動性」の二重性,物理量を実在するものと解釈できるのかという問題など,量子力学の解釈や基礎概念については見解の一致などまったく見られず,混乱の極みでした.

科学史家トマス・クーンのいう「科学革命」を経て「パラダイム転換」を遂げつつある物理学が,スムースに「パラダイムというお手本の下での問題解き活動」である「通常科学」に移れるよう絶大な指導力を発揮したのが,自身も量子力学建設に多大な寄与をしたニールス・ボーアです.ボーアは世界中の俊英若手物理学者をコペンハーゲンの彼の研究所に集め,カリスマ的影響を与えました.噴出する量子力学の概念的困難に対して,「位置と速度,粒子性と波動性などは補い合う性質であり,同時に両方を確定させることはできない.両方が相まって対象を記述できる」という「相補性原理」を主張し,量子力学についての概念的問題は語り得ないものとして封印しようとしました.困難な問題に煩わされずに,物理学者たちができたての量子力学を使って,山積するミクロな物質世界の問題に専念できるようにするためです.ボーアの教えを量子力学の「コペンハーゲン解釈」といい,そのマニフェストが1927年イタリア,コモ湖国際会議での講演になりました.

ところが,このマニフェストの内容にアインシュタイン

はかみついたのです．量子力学建設の功労者たちの何人かも，完成されつつある量子力学に対して重大な疑念を呈しましたが，アインシュタインは量子力学の本質的な確率的性質（不確定性関係）が受け入れられず，いよいよここからボーアとアインシュタインの本格的な戦いが始まるのです．

「不確定性関係」とは，量子力学の教科書で，出発点となる原理として採用されることが普通です．ミクロの世界では位置と運動量のような物理量の組があって，その値を同時に精度よく決定することはできず，しかもそれは技術的制限ではなく自然界の原理的な限界によるというものです．

アインシュタインは，量子力学体制派の首魁であるボーアに対し，不確定性関係を破るようないろいろな思考実験で挑みました．1927年9月コモ湖国際会議，1927年10月第5回ソルベー会議，1930年第6回ソルベー会議などが戦場でした．

最後の戦場ソルベー会議では「光子箱の中の時計」という思考実験で戦いを挑みましたが，皮肉にもボーアは，アインシュタイン本人がつくった相対性理論を用いてこの不確定性関係が破れないことを証明してしまいました．

それでもめげることのないアインシュタインは，その後も次々と位置と運動量の不確定性関係などを破る思考実験

をくり出しました．しかし，ことごとくボーアに叩き潰されてしまったようです．連戦連敗のアインシュタインはそれでも納得せず，約5年の歳月を費やしてついに最終兵器である「EPRのパラドックス」を打ち出したのです．

「光子箱の中の時計」の論争とは

EPRのパラドックス

1935年，アインシュタイン，ポドルスキー，ローゼンは

「物理的実在の量子力学的記述は完全と考えうるか？」という論文をフィジカル・レヴュー誌で発表しました．アインシュタインがあたためていたアイデアにもとづいて3人でディスカッションしたことをもとにポドルスキーが執筆を担当したものです．この論文で取り上げられている思考実験が，著者3名の名前をつなげた「EPRのパラドックス」とよばれる思考実験です．

論文ではまず，物理学の理論が満たすべき物理的実在の要請がなされます．

（1）対象を乱すことなく，ある物理量の値を確率1で予言できるとき，その物理量に対応する物理的実在の要素が存在する．

（2）物理学の理論は，物理的実在のすべての要素に対応する部分をもたなくてはならない．

そして，EPRの思考実験で，量子力学はこの要請を満たさないことを示そうとします．原論文では，1つの源から放出されて相関をもつ2つの粒子の位置と運動量の測定問題を取り上げていますが，煩雑なので，異端の物理学者デビッド・ボーム（1917～1992）がわかりやすく改変した量子力学的スピンの測定の例を簡略化して説明します．

....*Thought Experiment*

　空間の原点に2つの粒子AとBがある．この2粒子は量子的相関を持っている．たとえば＋と－の2つの値のどちらかしかとれないある物理量αを測定してみると，Aが＋ならBは－，波動関数でいうとϕ_1(A＋, B－)となるか，逆にAが－ならBは＋，ϕ_2(A－, B＋)と測定される．2粒子全体の波動関数は量子力学の重ね合わせの原理から

　　$\phi = \phi_1 + \phi_2$

である．

　その後この2粒子を左右に動かして遠く隔たたせる．宇宙の涯てまで遠く隔たった先で，それぞれの粒子AとBに対して物理量αの測定を行う．もしAでαが＋と測定されたなら，波束の収縮で，

　　$\phi \rightarrow \phi_1$(A＋, B－)

となって，Bのαの値は測定するまでもなく－である．ここまでは古典論でも同じである．

　ここで物理量αとは非可換（量子力学的に同時に確定不可能）で，やはり＋，－の2つの値をとる物理量βを，遠く隔たったAとBの両方に対して行うということを考えよう．αの場合と同様なことがβの測定をした場合

でも起こるはずである．Aでβが＋ならBは－となるはずである．

　そこで，次のような測定を考えてみよう．粒子Aに対しては物理量αを測定し，宇宙の涯てしない遠くにあるBに対しては，もちろんBが存在している遠くの場所でβを測定する．たとえば，Aはαが＋でBはβが－と測定されたとしよう．このときAは当然ながらα ＝ ＋であり，Aのβの値はBに対する測定値から，Aでβを測定しなくてもβ ＝ ＋だとわかる．Bの測定者からの通報に時間がかかるから瞬時ではないにせよ，Aに対してαとβの値が，非可換量であるにもかかわらず両方とも確定したことになる．Bからの通報がくる前でも，まだAの位置ではわからないにせよ，値が存在はしているといえるので実在の要素があるといえる．実在の要素があるとは，測定するしないに関わらず値を持つということであり，これは不確定性関係を破っているように見える．しかるに，量子力学では非可換量の同時確定はできないのだから，完全な理論とは，実在の要素が理論のすべてにあるということであるとするなら，これは量子力学の不完全性を示している．

　最後の「不完全性」のところがわかりにくく，アインシュタインもよく書けていないといったそうです．アインシ

ュタインがEPRの思考実験で示したかった本来の主旨からは，ずれてしまいますが，これは少なくとも不確定性関係を破る測定の思考実験とはいえるでしょう．それが正しいのなら，すべての量に実在を対応させられる隠れた変数型の理論が可能ということになりますが，しかるに量子力学ではそうはできないので，量子力学は不完全だという主張になります．

これに対しボーアは，まったく同じ表題の論文を書いて反論しました．その主旨は，粒子Aだけの測定ということは成り立たない．いったん相互作用した以上，AとBは分離不可能な一体の物理的系なのであって，Aに対して測定操作するということは，Bについても測定操作はおよんでいることになる，と説明しました．このことを「分離不可能性」とか「量子不可分性」といいます．

ボーアは，「EPRのパラドックス」こそが，アインシュタインのいう古典的な物理的実在の概念は量子力学とは両立しない証しだとして，EPRの議論を退けました．

アインシュタイン敗れる？——ベルの不等式

実在論側の反論として，いろいろな「隠れた変数の理論」が異端の物理学者たちによって提案されていました．「隠れた変数の理論」とは，量子力学の本質的な確率的性

質は，われわれが未知の隠れた変数の性質をまだ知らないために，その変数の値を確率的といわざるを得ないだけだとする考え方です．未知の変数の性質の反映が，位置の測定などにおける確率性として表れるというわけです．

逆にいうと，「隠れた変数」がなければ実在性が成り立たず，EPRの議論がめざしたことも成り立たないことになります．

1964年，CERN（ヨーロッパ原子核研究機構）の研究者ジョン・スチュアート・ベル（1928〜1990）は，アインシュタインの疑問に黒白をつけることができることを示しました（『アインシュタイン-ポドルスキー-ローゼンのパラドックスについて』）．それが「ベルの不等式」です．

ベルは，実在論に従う「隠れた変数」があり，それが局所的な性質をもつのならば，その理論の詳細にかかわらず満たさなければならない不等式を導き出しました．ところがその状況を量子力学で計算してみると，「ベルの不等式」を破る場合があるのです．つまり，局所的な隠れた変数理論の予測とと量子力学の予測が食い違うことがあるのです．その状況の実験を行えば，どちらが正しいのかを決定できます．こうして，「実証しようもない観念的で非生産的な議論」だと批判されてきたアインシュタインの疑問は，ベルの不等式によって実証できるようになったのです．

マーミンの思考実験

「ベルの不等式」はその変形も含めいろいろな形がありますが，ここではマーミンが示した思考実験（1981）を見てみましょう．

······Thought Experiment

中央に粒子対を左右に放出する箱がある．右と左にはその放出された粒子を測定する装置がある．これが思考実験の舞台である．

左右の装置は同じものだが，切り替えレバーがあって1, 2, 3と目盛りがついている．そのレバーは中央から粒子が放出されるごとに，ランダムに切り替えられる．そして，装置で粒子の性質が計測されると計測結果が表示される．その結果は2つの値だけをとり，緑（G）と赤（R）のランプで表示される．

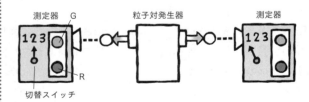

実験結果は下記のとおりである（※左レバー，右レバー，左ランプ，右ランプの順）

```
12RG  11GG  12GG  21RG  13GR  21GG  32RG  21GR  23GR  13RG
11RR  13GR  12GG  33RR  13RG  32RG  22GG  12RR  13GR  11RR
33RR  11GG  12GR  23RG  32RG  12GR  13GR  21RG  21RG  11GG
33GG  32GR  31RR  11GG  23RG  31RR  22GG  33GG  33GG  12RG
23RG  13RG  13RG  11GG  32RG  13RG  21GG  21RG  33GG  31GG
32RR  21RG  21RR  22RR  21RR  ……
```

　この結果の特徴を見ると，次のようなことがわかります．
（a）RとGの割合はほぼ同じ．
（b）左右どちらの測定装置でも，ランプの色とレバーの番号には特段の関係は見られなくてランダムなようである．
（c）左右のレバーの番号が同じときには，左右のランプの色はそろっていて完全相関である．

　この完全相関のからくりはどうなっているのか考えてみましょう．ただし，粒子どうしや測定器どうしが超光速通信をしているなどということはあり得ないことにします．これは「局所理論」です．そして測定される粒子自身だけが測定結果を左右し，その性質はいつでもずっと粒子がもち続けているとしましょう．すなわち実在論です．局在実在論を構成するこの2つが思考実験のルールです．

　上のルールを満たす方法として，中央から粒子対が放出されるとき，それぞれの粒子に，装置のどのレバー番号で測定がされたら，どの色のランプを光らせるかの指令書が付与されているとしてみましょう．測定される前からずっ

と,測定されたらどうするかという特定の性質をもち続けているのです.指令書は粒子がもっているのですから,これは「局所実在理論」ですね.

放出される粒子対ごとに異なってよいのですが,1 → G,2 → R,3 → G のような同じ指令が左右2つとも粒子に組み込まれていれば,(c)の条件を満たし,完全相関となります.(a),(b)の条件も満たすようにするには,下図のように8とおりあり得る指令書の割合をバランスよくランダムに組み合わせれば実験結果を再現できるのではないでしょうか.

	①	②	③	④	⑤	⑥	⑦	⑧
1	G	G	G	G	R	R	R	R
2	R	R	G	G	R	R	G	G
3	G	R	G	R	G	R	G	R

ところがそれではだめなのです.マーミン装置の実験結果では,レバー番号が一致しなくてもランプが一致する場合がありますが,(a)のように,ランプの色が一致する割合は,レバーが一致する場合としない場合を合わせた全体の $\frac{1}{2}$ にならなければなりません(ランプが一致するときとしないときが半々ということです).

指令書方式では,8とおりの指令書のどれを採用しても,左右レバーの9とおりの組み合わせ(右図)のうち,ラン

プの色が同じになる割合が $\frac{1}{2}$ より大きくなります（すべての場合を書き出して試してみてください）．つまり，マーミン実験の結果である $\frac{1}{2}$ という割合は，「局所実在理論」のルールでは再現できないのです．

	左	右
①	1	1
②	1	2
③	1	3
④	2	1
⑤	2	2
⑥	2	3
⑦	3	1
⑧	3	2
⑨	3	3

実は，マーミン実験の結果は，現実の電子のスピンの測定で得られるものです．レバー 1, 2, 3 は，それぞれ 120° ずつ回転させた 3 つの方向にスピンを測定する装置の方向を向けることにあたります．ランプの緑と赤というのは，測定方向に対してスピンが $\frac{1}{2}$ か $-\frac{1}{2}$ かという結果を表します．量子力学ならばマーミン実験の結果を完全に再現できます．

局所実在論ではこのマーミン実験を説明できないということが，ベルの不等式が示すことなのです．

思考実験から現実の実験へ

1970 年代から「ベルの不等式」は問題にされ始めましたが，ついに実験によって，ミクロ世界を「局所実在論」でも説明できるのか，それとも量子力学が正しく，「局所実在理論」は破綻しているのかを検証できる時代と

なりました．

1982年フランスの物理学者アラン・アスペたちは，ベルの不等式の一種であるCHSH不等式が破れていることを，カルシウム原子のカスケード2光子放出現象による光子対で検証しました．思考実験が現実の実験になったのです．

結局，アインシュタインはまちがっていて，量子力学は完全だったのさ，という人もいますが，はたして本当にそういえるのでしょうか……

アインシュタインの量子力学に対する貢献としては，理論建設の一つの鍵となる光電効果の光量子説と同じぐらいに，影響力としては量子力学批判をし続けたことが数えられるのではないかと思います．

20世紀末から21世紀に入って，量子通信，量子計算，量子暗号，量子テレポーテーションなどの先端技術分野ではEPR状態（量子もつれ状態）とかEPRペアーという術語も使われています．

量子力学の先駆けであるマックス・プランク（1858～1947）の量子論が19世紀の鉄鋼産業の要請から生まれ，20世紀初頭にパラダイム変換を引き起こす英雄時代が到来したように，21世紀の現代にも先端技術のなかから英雄時代が誕生すればおもしろいのですが．

Conclusion

どんなに量子力学が現実世界の事件事実をうまく説明できても,不完全な理論のままでは受け入れがたいと考える物理学者は,量子力学建設に重要な寄与をした理論家のなかに何人もいました.彼らは「重ね合わせの原理」や「不確定性関係」,そして「波束の収縮」などの概念に対して,いろいろな思考実験をくり出しては再考を迫りました.そのなかで,アインシュタインは,量子力学が,旧来の物理学の立場である素朴な実在論に抵触するように思えることについて,「EPR のパラドックス」で問題提起したのです.

見ていないときには,ものは明確な物理量の値をもっていないかも知れない.物質のありようは,その物質の何を見るかによって異なるのかもしれない.というように,量子力学の伝統的な解釈によれば,物体は,測定する以前から決まった物理量の値をもっているのではありません.この考え方に対して,物理量は遠く離れた物体の影響は受けないとする局所理論と実在論とを組み合わせた思考実験で,量子力学の世界記述が状況依存であることを論難しようとしたのでした.

文庫化に際して：思考実験を実際に実験したことにノーベル賞が

　初版以降の年月に量子力学を取り巻く社会の環境はずいぶん変わりました．プランクの量子仮説は 1900 年ですが，1925 年のハイゼンベルクの行列力学や，翌年のシュレディンガーの波動力学あたりを量子力学建設の年だとすると，来年はその 100 周年になります．量子力学の意味，それはなにか実体を表している理論なのか，それとも情報理論なのかなどなど，各種の大論争つづきだったのは第 2 次世界大戦前頃までで，道具主義ともとれるコペンハーゲン解釈の教えどおり，「黙って（素粒子論や物性論の）計算しろ．それで問題ない」というわけで，量子力学基礎論の研究は異端とされ，科学者のキャリアを損なうものでした．その状況は 1970 年から 1990 年頃までに大きく変わりました．それは超微細構造作成技術，超高感度測定技術の進歩と，そしてなにより光通信技術の要求によるものでした．現在の量子情報科学につながる流れです．量子力学を象徴する図柄もネコから量子もつれになってきました．

　その第一歩が，ベルの不等式の検証実験でした．ベルの不等式は量子力学と局所実在理論の決定実験ですが，まさに思考実験である EPR のパラドックスを実際の実験に変えてしまったものです．実際にはマーミンの思考実験そのものを実際の装置でやってみるというようなことになりま

す．ベルの不等式が 1964 年，それに対してクラウザーたちの実験が 1972 年，それを改良したアスペの実験が 1984 年でした．その後もいろいろな抜け穴を塞ぐ改良がなされてきました．そしてついに，2022 年に「量子もつれ状態の光子を用いた実験，ベルの不等式の破れの確立，および量子情報科学の先端的な研究」に対して，アスペ，ツァイリンガー，クラウザーの 3 人に対してノーベル物理学賞が授与されました．

それまでにも，21 世紀に入って 2010 年頃からは，量子コンピュータや量子暗号を始めとする量子情報技術が具体化，実用化されてくるようになってきて，一般の人もそのような言葉を耳にすることが多くなってはいましたが，ノーベル賞はやはり大きく新時代を象徴する出来事でした．またそれ以外にも並行して，量子力学に関する思考実験はいろいろと考えられ，また実際に実験されてきました．量子力学については，思考実験が実際に実験される 50 年だったといえます．

ベルの不等式という決定実験によって，自然は局所実在論的にはなっていないことが実証されてしまって，世界観の大転換が確かなものになったわけですが，その実証実験の前提の中には，局所性，実在性のほかに，観測者の自由意志というものまで含まれています．そこまで行くのかという感を深くします．いずれにせよ先端技術の探究が安心

してできるということではありますが，100年前という昔，量子力学が19世紀末の鉄鋼産業の要請から生まれ出てきたように，100年後の今度もまた量子情報科学の中から新たな謎が生み出され，それに対する思考実験を編み出して，われわれの世界がどうなっているのかを探っていければよいなと思います．

おわりに
あなたも思考実験してみよう！

まずは浮気の思考実験から…

　本文では，多くの思考実験を見てきました．物理学，確率論，実証方法論や政治哲学，人工知能，心の哲学など，さまざまな分野にわたるものでした．

　また，ひと口に思考実験といっても，その目的や手法はいろいろでした．自分の信念を主張するのに，相手の仮説から出発して矛盾を導いてその仮説を相手に放棄させようとする思考実験．これから理論を構築しようとしているとき，あるいはできあがった理論の妥当性を考察しているときに，極限状態を設定して理論の満たすべき要請・指導原理を明らかにしようとする思考実験．ある概念に人間が無意識的に見いだしている意味をはっきりさせようとする思考実験．無限や「すべての〜に対して成り立つ」という形式の一般法則についての思考実験などなど……

　実は，身の回りの問題でも，実際に試してみないのならば，ほとんどの推論は思考実験だといえます．たとえばこんな場面を想像してみましょう．

Thought Experiment

　もしあなたが浮気をしたら……．今日は配偶者や恋人が待つ家で夕飯をいっしょに食べる約束をしていたにもかかわらず，浮気相手と素敵なレストランへ行ってしまった．豪華なディナーを食べて楽しい時間を過ごしたあと，おそるおそる配偶者や恋人の待つ家に帰るとする．こんなとき，たいていはいいわけを考えるだろう．てっとり早いのは「仕事」である．打ち合わせが長引いたとか，トラブルがあったとか．

　あなたは浮気がばれないように，あれこれ綿密ないいわけを考えたが，敵もなかなか手ごわい．あなたがいいわけをすればするほど，刑事コロンボみたいな誘導尋問にあなたはひっかかる．やがて相手のペースにすっかりはまり，わずかな矛盾からほころびが出始め，ついにいいわけができないほどの決定的な矛盾が生じてしまい，浮気がバレてしまった……

恋人が，あなたの説明が成り立つかどうか思考実験している場面だといえます．ちなみに，これはガリレオの帰謬法による思考実験のタイプですね．

根源を問い直せ！

　思考実験はなにもこのように相手の主張を論破するものばかりではありません．アインシュタインの思考実験のうち，量子力学に関する思考実験は相手の主張の難点をえぐり出そうとしたものでしたが，相対性理論についての思考実験は理論構築の柱となる原理を確立しようとしたものでした．何がたいせつなのかを突き止めようとしたのです．

　「はじめに」でも述べたように，シミュレーションは，現実のルールそのものか，現実のルールのパラメーターやスケールを少し変えたものを使って計算（または模擬実験）をします．そして実際の実験は行わないで，起こるであろう現象を予測することがシミュレーションの目的です．もちろん，シミュレーション結果と現実の現象の異同を観察して，用いたルールの妥当さを判断するという側面もありますが，その場合でもどちらかといえば，ルールが妥当かどうかの黒白の判断であって，ルールのもつ意味，意義，世界観のようなことを吟味するのではありません．

　一方，思考実験では，極端な条件やルールを場面や登場人物に与えます．多くの場合，局所的でミクロな，あるいは逆に基本的で根源的なルールを設定します．そこから推論をして，どのような大域的でマクロな現象が帰結するかを観察します．そうすると，多くの場合には，単なるミク

ロなルールの違いにはとどまらない，創発現象ともいえる，より大域的な階層ならではの性質が生まれてくるのを発見することになります．その結果を観察して，最初に設定したルールや条件のほうをチェックすることになります．さらに，結果を見ながらルールや条件をいろいろと変えてみたりすれば，根本原理の妥当性を研究することができます．

相対性理論が覆される？

　思考実験は，複雑な計算や繁雑な枝葉末節の事情を検討しないですませたいときに用いるともいえますが，むしろ設定するルールの本質をえぐり出すために，複雑さを積極的に避けるのだともいえるでしょう．そのわかりやすい思考実験の例として，「タイムトラベルの思考実験」を見てみましょう．

　その前にちょっと横道にそれますがお許し下さい．2011年に，「アインシュタインの特殊相対性理論に修正が必要か？」という話につながる実験結果が報告されました．しかし，結局は，発表したグループが実験の不備を認めたという騒動です．それは，ニュートリノという素粒子が光より速く運動しているという内容でしたが，それに付随して，タイムマシンができるのでは……などと騒がれたことを覚えておられる方もあるかもしれません．

ニュートリノは物質粒子とほとんど相互作用しない粒子です．本文でも見たように，アインシュタインの特殊相対性理論は光速度一定の原理を基本的要請として組み立てられている理論です．光はどの観測者から見ても一定の速度であること．そして，質量のある粒子は，光速以下で運動し，どんなに加速しても光速には到達できないということが結論とされます．

　数学理論的には，光速以上で運動する粒子を想定することもでき，タキオンとよばれます．ただしその質量は純虚数です．現在の物理学では，光速が最大速度ということになっています．タキオンが存在するということは，特殊相対性理論の大前提が破れているかもしれないということなのです．

　とにもかくにも，この実験結果をきっかけに，古くからあるいろいろなタイムトラベルについての議論も思い出され，関連誌上をにぎわしたのです．

タイムトラベルの思考実験にチャレンジ！

　光より速いタキオンが存在すれば，タイムトラベルができるという話は昔からあります．タキオンでなくても，特殊相対性理論のいう「運動する時計の遅れ」を用いれば，未来には少しタイムトラベルできます．いわゆる「ウラシ

マ効果」です.

　タキオンは時間を過去に向かって進んでいる粒子だなどといわれることもあります. タキオンを使った通信で, 光速度に近い速度ですれ違っている列車の間でうまく情報を交換すると, 運動する物体の時計の遅れという効果によって, 未来からの情報を得ることができるのです. また, タキオンではありませんが, ワームホール（ブラックホールとホワイトホールのペアで, SF に出てくる, 遠く離れた宇宙へのワープ移動に関係したような時空の特殊な構造です）と強い重力場を用いるとタイムマシンが構成できるという, 一流の宇宙論者の論文も 20 年ほど前に世を騒がせました.

　難しいことはさておき, タイムトラベルについての思考実験から, 物理学理論が満たすべき性質や, 因果とは何かの研究などに対する指針を得ることができるとことについて考えてみましょう. 最初に紹介するのは, 昔からある「親殺しのパラドックス」といわれるタイムトラベルのパラドックスです.

Thought Experiment

　あなたはタイムマシンで, 過去の世界に行った. その世界で, あなたの若い時代の親に出会い, なりゆきで, 両親になるべき恋人に仲違いをさせて, 別れさせるようなことをしてしまった. そうすると, あなたはこの世に

生まれてこないから,あなたがやってきた未来の世界にはあなたはいない.ということは,過去にタイムトラベルしたあなたもいないことになり矛盾が発生する.あなたは両親が出会わなくなった瞬間に消滅してしまうのか？ それを避けるために一生懸命,あなたの両親になるはずの2人の仲をとりもとうとするであろうが……

こんな話もあります.

Thought Experiment

あなたは,未来から送られてきたタイムマシンを偶然手に入れ,「自分の発明である」と現在の世界で発表して大金持ちになった.ところがあるとき,タイムマシンを見たら,その原理の発明者としてあなたの名前が書いてあった.しかしあなたは,タイムマシンがどんな理屈で作動するかなんて思いもよらない.いったいだれが,タイムマシンの原理を発明したのだろうか？

SFではこのような矛盾を避けるために,「あなたが生きてきた世界の歴史が守られるように過去の世界で行動しなくてはならない」という倫理規定があるとか,原理的に過去の世界には影響できないとか,歴史が変わってしまうような行為は不可能になっている,などという設定にされることが多いようです.特に大きな問題が発生するのは,自

タイムトラベルをするとあなたは消えてしまうかもしない

分の存在に関する自己言及的な行為を行ったときです．そうでない改変の場合は，元の未来の世界に戻ってみると，タイムトラベル前とは状況がおおいに変わっていたというだけですむかもしれません．

しかし，いずれにしても，SFの場合は，あいまいな説明があるだけで，突き詰めた考察がされることはほとんどないですね．この問題を解決する選択肢はいくつかあります．

①思考実験でこういう矛盾が発生するのだから，矛盾を導く原因であるタイムトラベルは，いかなる方法によってもできないのだ．タイムトラベルができないように，す

べての理論はつくられなくてはならないのだ，ということを指導原理にするという選択肢がまず考えられます．

②一方，タイムトラベルが可能だとすると，どうなるでしょう．この世界には自由意思などなく，すべてが機械的な決定論であるとすれば，過去に行こうがどうしようが，つじつまが合ったことが起こるだけで，歴史の改変ということは最初から起こりえないということになるでしょう．

③自由意思があることを尊重したうえで，自分の存在を消すようなパラドックスを回避しようとする考え方もあります．それは，世界が分岐していく．歴史が分岐していくという考え方です．量子力学の解釈でも多世界という考え方がありましたね．この考え方だと，両親が結婚しなくてあなたは生まれない世界と，あなたが生まれて将来に過去へタイムトラベルする世界は分岐します．ただし，あなたが過去から元の未来の世界に戻ったとき，どちらの分岐世界に戻るかという問題は発生します．あなたが過去で改変して別の世界として発展している元の世界なのか，それとも，あなた自身が改変してあなたは生まれなかった世界なのか……

こうして，思考実験の世界は，次から次へと転変していきます．われわれは物理学理論が満たさなければならない

性質についての検討に始まって，原因と結果とは何か，時間とは何かという哲学的問題の世界に誘われるのです．

思考実験のアリーナは彩り豊か

倫理や心に関して，われわれの行動原理や感じ方を探るという思考実験では，たとえば次のようなことが問題となっていましたね．

> ••Thought Experiment
>
> もしも……もしもの話だが，大好きな恋人が魔法でカエルにされてしまってもあなたは愛せるだろうか？　もう少し現実的な状況でいい換えてみよう．あなたにはかけがえのない恋人がいるとする．その人が事故で外見がまったく変わってしまった．脳の障害で性格もまったく変わってしまい，能力もまったく低下し，そのうえ２人のたいせつな思い出の記憶も失われてしまった．そのような場合，以前と同様にその人があなたの信頼できる人であり，かけがえのない人であると実感できるのか？

ぜひとも，いろいろな状況設定で考えてみて下さい．状況設定については，現実には起こりそうにない非常に確率の低い事故が起きたり，マッドサイエンティストが登場するＳＦのようにしたりしてもかまいません．

あなたが大事にしていることは何か

　たとえば，機械に記憶や性格のすべてを移植して元の肉体は消えてしまったとしたらどうですか．記憶を移植された機械を恋人と認めますか．どう変わり果てようとも，その人なのですか．たとえ能力が衰え，過去の記憶が薄れようと，恋人は恋人なのでしょうか．

　もしかすると，あなたの恋人は，あなたの心の中にこそ存在するもので，現実世界の肉体と人格ではないのかもしれません．あなたの心の中の存在が，現実世界の肉体に投射されているのです．だとすると，物理的世界の恋人の外見，記憶，性格，能力などが変わってしまっても，その物理世界の存在に，あなたは心の中の恋人を投射し続けられるかもしれません．

　あるいは，あなたの心の中の恋人と，投射される物理的世界の恋人，あるいはその後継者との間の乖離や矛盾が小さいうちはよいのですが，それが大きくなると「ほんとの

あの人じゃない」となるのかもしれません．逆にいえば，クローン人間や，機械に移植された人格であっても，投射された人格との違和感がなければ，元のその人と思えるのかもしれません．

このように，思考実験のアリーナは変化に富んだ彩りを見せます．そのアリーナのなかで，あなたは，自分自身が人格の同一性の判断基準として何を重んじているのかを探ることができます．その結果，自分でも認識していなかった深層の本音が，わかるかもしれません．

あなたも大胆に思考実験してみよう！

身近なできごとや，とりとめもなく漠然と疑問に思っている事がらも，このように思考実験の題材なのです．

ところでよく，歴史に if はないといいます．しかし，歴史の登場人物の行動選択や，そもそもの背景状況が違ったらその後の歴史はどうなっていただろう，というシミュレーションはおもしろいものです．単におもしろいだけではありません．一人の人間が体験できる人生経験は，ごくわずかなものです．だから，人は未来に向けて文学や歴史から学ぼうとするのですが，その行為はまさに思考実験です．個人にとっての指針ばかりではありません．どのような科学技術を受容するべきか，われわれのこれからの社会は何

を優先して営まれるべきかなどの社会合意について考えるときにも，まずは，思考実験してみることがたいせつだと思います．

その際，細かな推論の当否の吟味だとか，前提になるアリーナに関する事実関係の修正などは，専門家がいくらでもしてくれますから神経質になる必要はありません．人の言うことを鵜呑みにしないで，ふだんはあたりまえだとしてしまっている根源的な原理に注目し，みなさん一人一人が大胆に思考実験してみてはどうでしょうか．

※

最後になりますが，本書は化学同人の後藤南氏からもちかけられた企画によるものです．執筆中，後藤氏にはよりわかりやすい本にするためにさまざまなアドバイスをしていただき，本当にお世話になりました．しかしもちろん，内容についての責任は私にあります．また，原稿を最初に読んで意見を出してくれた妻 里美に感謝します．

文庫版へのあとがき

 本書の初版刊行は 2012 年でした．しかし，それから 12 年で，科学技術を取り巻く社会的状況や，それについての世界観は急速に変わってきたようです．また，思考実験という言葉はさらに身近なものになり，テレビや映画などで思考実験を題材にしたものや，思考実験を俳優が実演して見せているような趣旨のものも多く見られるようにもなりました．以前は，物理学や分析哲学，倫理学で使われるイメージが強かった思考実験が，人類学，経済学，政治学，社会学などで用いられるのも目につくようになったと思います．

 科学技術の急速な発展，普及，特に最近の量子情報技術と人工知能に関する研究開発とその社会実装によって，21 世紀初頭の科学の社会への影響は，17 世紀科学革命および 20 世紀初頭の量子論と相対論による衝撃に匹敵するぐらいの大きなものでした．その結果，当然ですが，各々の思考実験のレベルでは，それがその問題に対して意味のある妥当な議論なのか，的確な仮想例になっているのか，知のアリーナで仮説を闘わせるといっても推論するまでもなく勝敗は自明であるようだ……などというように，役割を

終わったかに見える思考実験もあるでしょう．

　ですが，本書は「歴史に残る思考実験」ということを趣旨としたものですので，新しい科学的事実や理論，新技術が出現してきても，そして科学に関する社会の常識が変わってきても，その思考実験が提出され検討された時代が過ぎても歴史に残った……ということは変わりません．また価値も変わりません．それで，文庫版でも必要最小限の追加と修正に止めました．ただし，人工知能や意識に関する思考実験，それから量子力学の基礎に関する思考実験については，実験 File04, 06, 20 の終わりに，現時点でのそれらの思考実験の意義について追加しました．

　近頃，量子力学ネイティブという言葉をあちこちで目にします．古典力学的，あるいは局所実在論的世界観が肉体化されたあとになって量子力学を学ぶのではなく，最初から（あるいは古典力学と並行的に）量子力学を学んで，量子力学的世界観が自然に思える人ということを指しているのでしょうか．でもそうだとすると，それは，単に量子力学的な計算には疑問を持たないで使いこなせる人というのとは意味が違います．20 世紀を通してずっと，物理学者を目指す者は量子力学を使いこなせればよい，量子力学の本性を考えるのは普通の学者にはタブーで，単に使いこなせる人を目指せばよいといわれていたと思います．

私は，英語教育でいう英語で育った人のように，という意味でのネイティブは，量子力学では難しいと思います．というのは古典的世界観でしっくりくる世界に適応して，20世紀になるまで人類は生きてきたわけですから，いくら早くから量子力学に接しても，進化論的理由からいっても無理だと思います．慣れて疑問を持たなくなることは，必ずしもわかることではないでしょう．

　ですから，ネイティブではないわれわれとしては，体感的とまではいきいませんが思考実験で対処して実際の実験で納得する，あるいは逆に，もう技術に使われている奇妙な実験結果を思考実験してみて納得するという方略でいかなくてはならないだろうと思います．

　論理についても量子力学の論理は，古典世界のいわゆるブール論理ではないということはよくいわれ，量子力学世界では不確定性関係の表れである直相補モジュラー論理が成り立っていることはよく知られていますが，もっと一般にそれ以外のいろいろある論理たちの中でみてどうなのかを，思考実験してみるのも面白いかもしれません．

　やっと出たかという感が深い2022年のノーベル物理学賞は，アラン・アスペ，ジョン・クラウザー，アントン・ツァイリンガーの3人に授与された「量子もつれ状態の光子を用いた実験，ベルの不等式の破れの実証，および量子情報科学の先端的な研究」に対してということでした．局

所実在理論と量子力学の決定実験（量子力学が完全に正しいとまではいかないのですが）で，局所実在論はわれわれの世界では成立していないことを示す実験を，長年営々と，局所性に対する穴塞ぎと効率に対する穴塞ぎを向上させながら，思考実験を現実の実験としてつづけてきた功績です．

彼ら，そして彼らと同じ業績を上げつづけてきた人たちの中には，量子力学の研究はやめるように助言や圧力をかけられ，そのために週末物理学基礎論者（平日は技術者）やパートタイム研究者（会社経営で生活している）として研究をつづけてきた人も少なくないようです．並外れたパワーがないとできないことですね．そのころの日本では格段に量子力学の基礎に対する締め付けが苛酷で，それに手を出したら「哲学屋」と皮肉られ葬り去られるような空気感．私もそれを痛いほど肌で感じていました．程度の違いはあれど，欧米でもそうだったのかと，たとえば，ブックガイドの実験 File20 ③で知りました．いまや（20世紀末頃から）日本でも量子力学の思考実験が自由に語れるようになって，今昔の感を深くしています．

AIについては，量子力学とは比べものにならないかもしれないくらい，大きな変化がありました．人類が新しい段階に入ったのは明らかです．極端にいえば，目的が達成されればいい．どうしてそうすればよいのかわからなくても仕方がない（研究者本人がどうしてなのかを解明したく

ても．この感覚は量子力学の基礎を解明したくてもという，前世紀の物理学者と似ているかもしれません）．理由やメカニズムにあまりこだわらない．このような流れは，因果の連鎖で説明できて初めて納得できるということや，近代科学の精神を改変しているかに見えます．しかしそれこそが科学だという感覚に人々がなっていくのなら，それが新しい科学になっていくのでしょう．

AI に関する思考実験は，倫理学，政治学などでの思考実験と同様に，法則や原理自身を評価するためのものではなく，社会や個人がその価値判断基準をどう見るだろうかという問題です．AI の側の問題ではなくて，それを人間や社会がどう見るかが問題なわけです．法律を作るとき，AI の責任，AI が作る特許，AI の権利，相続権……といった現在喫緊の問題である事柄も，その社会，その時代，民族の感性によるわけです．

AI にも関係しますが，統計学についてちょっと触れておきたいと思います．統計学は「科学の文法」であると統計学の父の 1 人，カール・ピアソン（優生思想に肩入れしたという負の側面は別として）がいったように，現在では，ほとんどすべての科学的研究は，統計学を経て公開されます．それなのに，科学者そして一般人の統計学リテラシーは貧しい．そのことは，2011 年の医師国家試験で p 値に

関する設問の選択肢に正解がなかったということに象徴されます．専門家でもイロハのイであるp値がわかっていない！　p値とは，仮説検定という方法で使う確率の値です．母集団に対する帰無仮説が正しいとして，それより理論的に計算した，実際のサンプルデータの平均値のずれかそれより大きいずれの値が発生する確率です．それを検定者が設定した有意水準αという許容ずれ基準の確率の値と比較して，帰無仮説が成立しているかどうか判断します．

　近頃よくいわれるのは，pハッキングという研究不正です．自分のやった実験を（データ自身はいじらないで）仮説に合わせて判断できるよう，サンプルサイズNなどを操作してしまうのです．うまくいった実験だけを論文にして，まずい結果は隠蔽するという出版バイアス（選択的報告）というのもあります．HARKingという，実験結果が出てから仮説や研究意図を作るものもあります．データねつ造のようなわかりやすい不正とは異なり，研究の意図のような論文に現れにくい事柄を用います．これらには，不正の意思などはまったくなくて，統計学を誤解して使用した場合も多いでしょう．

　不正ではないですが，ごく簡単な例を挙げておきます．同じ母集団からサンプルサイズN個のサンプルを2つ，サンプリングしたとします．サンプル平均$\bar{x}$がまったく同じなのに，その平均値が得られる確率が違ってしまうとい

うことがあり得ます．それは，サンプリングする際に N 個という値を研究開始以前にきっちり決めておいたうえで，その N 個目で採取を止めたデータなのか，それともある特定の条件を満たすサンプルが現れるまでサンプルしつづけ，結果的に N 個になったのかという違いがある場合に起こります．たとえば，ある療法で病気が治るかどうかを病院で調べていたとして，患者が N 人くるまでで打ち切るか，それとも治らなかった患者が一定数になったら止めることを決めておき，治る治らない含め結果的に総数 N 人目で一定数の治らなかった患者が出たために，そこで集計を止めるかの違いです．データ採取過程の経緯によって数学的な確率が違います．

 p ハッキングや出版バイアスなどのためか，それとも統計に関する理解不足のためか，「再現性のない研究」が増加していると 21 世紀に入ってからいわれています．2015 年に，*Basic and Applied Social Phycology*（BASP）は p 値の使用を禁止するという極端な宣言をしました．アメリカの統計学会（ASA）は p 値の誤用に関する声明を 2016 年に出しています．2019 年には有力雑誌『Nature』が「『統計的に有意』を引退させよう」というコメント記事を掲載しました．そこには 854 名の賛同する研究者名が載っているそうです．日本でもそれに追随する学会が出てきました．実際，心理学などではすでに，研究計画を（つまり研究意

図，サンプル数など）を論文誌事務局に事前登録して，その意図のとおりの研究を行い論文にしなければ，初めから受理されません．また，登録が改変されないようにブロックチェーンの技術を使うという話もあります．

　このような困難は実験 File06, 10, 11 の思考実験に関連した話です．特に「ギャンブラーの誤謬」という思考実験はもっとも単純ですが，それの発展形を考えるのです．ギャンブラーの誤謬とか逆ギャンブラーの誤謬は，覚えておけばそのようなことに陥ることはまずないでしょうが，でもどうしてそうなのかわからなくなったりしてしまうこともあるかもしれません．統計学に関するパラドックスは，頭では理解できても，実際に使う段になると，何が正しいのかわからなくなることが多々あるでしょう．

　ですから，統計的推論，確率の理解に関する事柄を，それぞれの確率の解釈にもとづいて統計学の世界観を見直しながら，思考実験により平易に考えてみたいと思っています．

　最後に，この文庫版が老若男女を問わず，文理の垣根を越えて広く知を楽しむ人に，そしてこれからの若い人に読んでもらえることを願っています．今回文庫化の機会を与えてくださった化学同人の都留貴彰氏，大林史彦氏，中田峰晃氏に深く感謝いたします．また最初に後藤南氏の単行

本の企画発案がなければここに至ることはできませんでした．どうもありがとうございます．

2024 年 4 月

榛葉　豊

もっと知りたい人のためのブックガイド

　本書で取り上げたなかで興味をもたれた思考実験があったら，それぞれの分野に応じたもっとくわしい本を読んでみてください．比較的最近の出版で手に入りやすく，わかりやすい書籍を紹介します．

◆Part I
　思考実験についての書籍は，最近のものでは
①バジーニ『100の思考実験』紀伊國屋書店（2012）
②竹内薫『もしもあなたが猫だったら』講談社（2007）
③金子努『思考実験とはなにか』講談社（1986）
④榛葉豊『思考実験』講談社（2022）
　③は少し古いですが思考実験のレトリックに焦点を当てたものです．
　④は拙著ですが，科学の仮説検証法と思考実験について解説しています．

　「パラドックス」という言葉が書名に入った本がたくさんありますが，それらのなかには思考実験に関係している内容の本がいろいろあります．たとえば，
① R.M. セインズブリー『パラドックスの哲学』勁草書房（1993）
②林晋編『パラドックス』日本評論社（2000）
③ W. パウンドストーン『パラドックス大全』青土社（2004）

　実験 File 01 については
①一ノ瀬正樹『功利主義と分析哲学』放送大学（2010）
②大澤真幸『「正義」を考える』NHK出版（2011）
③小林正弥『サンデルの政治哲学』平凡社（2010）
④ M. サンデル『これから「正義」の話をしよう』早川書房（2010）
　①は少し程度が高いですが明快です．

実験 File 02 に関しては
①野矢茂樹『無限論の教室』講談社（1998）
②石村多門『＜無限＞の快楽』窓社（1998）
　②は手に入りにくいかもしれません．

◆Part II
　実験 File 04 〜 07
①柴田正良『ロボットの心』講談社（2001）
②J. サール『マインド』朝日出版社（2006）
③信原幸弘『心の現代哲学』勁草書房（1999）
④宮原勇『図説・現代哲学で考える＜心・コンピュータ・脳＞』丸善（2004）
⑤山本貴光・吉川浩満『心脳問題』朝日出版社（2004）
⑥H. モラヴェック『電脳生物たち』岩波書店（1991）
⑦渡辺正峰『意識の脳科学』講談社（2024）
　⑥は古いですが，素朴な形で問題が提示されています．⑦はマインドアップローディングの具体的実現に向けての解説がされています．

　実験 File 08 については
①P. C. W. デイビス『宇宙はなぜあるのか』岩波書店（1985）
②J. レスリー『世界の終焉』青土社（1998）
③伊藤邦武『偶然の宇宙』岩波書店（2002）
④伊藤邦武『人間的な合理性の哲学』勁草書房（1997）
　①は，宇宙のファインチューニングについての物理学者の解説，②はその問題を取り上げた哲学者の著書です．③④も哲学者によるものですが少し程度が高いです．

◆Part III
　実験 File 09 〜 11
①三浦俊彦『論理パラドクス　論証力を磨く 99 問』二見書房（2002）
②三浦俊彦『論理サバイバル　議論力を鍛える 108 問』二見書房（2003）
③三浦俊彦『心理パラドクス　錯覚から論理を学ぶ 101 問』二見書房（2004）
④三浦俊彦『論理パラドクシカ　思考のワナに挑む 93 問』二見書房（2011）

⑤三浦俊彦『思考実験リアルゲーム』二見書房（2014）

　以上の5冊は，論理・心理・確率などに関したさまざまなパラドキシカルな問題の集成です．実験 File 08 の問題に関係した問題もいくつか収められています．

①市川伸一『確率の理解を探る』共立出版（1998）
②小島寛之『確率的発想法』ＮＨＫ出版（2004）
　それぞれ，確率の認知心理学，意思決定理論の解説です．

　実験 File 12
①市川伸一『考えることの科学』中央公論社（1997）
　また，この参考図書案内の最後に示す科学哲学一般の入門書には，このファイルの内容に関した章があります．

　実験 File 13
①佐倉統『進化論の挑戦』角川書店（1997）
②R. トリヴァース『生物の社会進化』産業図書（1991）
　②は社会生物学や性淘汰に関する本ですが，少し程度が高いです．

◆Part IV
　実験 File 14
①都筑卓司『マックスウェルの悪魔』講談社（新装版 2002）
②竹内薫『熱とはなんだろう』講談社（2002）
　①は定評ある解説書です．②はシラード・エンジンについても説明しています．

　実験 File 15 〜 17
①内井惣七『アインシュタインの思考をたどる』ミネルヴァ書房（2004）
②安孫子誠也『アインシュタイン相対性理論の誕生』講談社（2004）
　相対性理論の哲学に関する書籍は入門書から専門書まで限りなくたくさんありますが，読みやすい入門書をあげておきます．

　実験 File 18
①石井茂『ハイゼンベルクの顕微鏡』日経ＢＰ（2005）

実験 File 19
①C. ブルース『量子力学の解釈問題』講談社（2008）
②白井仁人『量子力学の諸解釈』森北出版（2022）
　多世界解釈の解説書もたくさんありますが，最近のものとしてあげておきます．

実験 File 20
①N. D. マーミン『量子のミステリー』丸善（1994）
②筒井泉『量子力学の反常識と素粒子の自由意思』岩波書店（2011）
③N. ジザン『量子の不可解な偶然』共立出版（2022）
④A. ベッカー『実在とは何か』筑摩書房（2021）
　①は EPR 問題についてのわかりやすい解説．②は最近の話題も含んだ解説です．③は①よりも単純な設定での思考実験で，ベルの不等式を明快に説明しています．④はベルの不等式以降の実在追求劇が詳しく書かれています．

　量子力学の基礎に関するおもしろい解説書は非常にたくさんありますが，いくつかをあげておきます．少々古いので入手しにくいかもしれません．
①町田茂『量子力学の反乱』学習研究社（1994）
②N. ハーバート『量子と実在』白揚社（1990）
③F. A. ウルフ『量子の謎をとく』講談社（1990）
④A. ファイン『シェイキー・ゲーム』丸善（1992）

　次の 2 つのうち，前者は量子力学の基礎に関する何人もの有名な研究者の意見をインタビューしたものであり，後者はもっと古いですが量子力学をつくってきた世代に属する学者の論文集です．
①尾関章『量子論の宿題は解けるか』講談社（1997）
②P. C. アイヘルブルグほか編『アインシュタイン　物理学・哲学・政治への影響』岩波書店（新装版 2005）

　科学哲学の入門書としては以下のものがとりつきやすいでしょう．
①内井惣七『科学哲学入門』世界思想社（1995）
②伊勢田哲治『疑似科学と科学の哲学』名古屋大学出版会（2002）
③S. オカーシャ『科学哲学』岩波書店（2008）

④森田邦久『理系人に役立つ科学哲学』化学同人(2010)

INDEX

思考実験索引

3囚人問題［市川］	*167*
4枚カード問題［ウェイソン］	*197*
EPRのパラドックス［アインシュタイン，ポドルスキー，ローゼン］	*324*
γ線顕微鏡［ハイゼンベルク］	*283*
アキレスと亀［ゼノン］	*38*
欺く神［デカルト］	*117*
ウィグナーの友人	*307*
宇宙のファイン・チューニング	*131*
親殺しのパラドックス	*214*
カルヴィニストの勤勉［エア］	*195*
カルネアデスの船板	*25*
逆ギャンブラーの誤謬［ハッキング］	*153*
ギャンブラーの誤謬	*149*
空間的距離の相対性［アインシュタイン］	*267*
クオリアの逆転［サール］	*84*
くり返し型ニューカム実験	*188*
光子箱の中の時計［アインシュタイン］	*323*
光速度のパラドックス［アインシュタイン］	*260, 279*
コウモリであるとはどのようなことか［ネーゲル］	*81*
サルのシェークスピア	*157*
サンクトペテルブルクの賭け［ベルヌーイ］	*48*
室内鳥類学のパラドックス［ヘンペル］	*203*
囚人のジレンマ	*188*
自由落下するエレベーター［アインシュタイン］	*274*
シュレディンガーの猫	*299, 320*
シラード・エンジン	*234*
水槽の中の脳［パトナム］	*111*
世界5分前創造仮説［ラッセル］	*120*
臓器くじ［ハリス］	*31*
タイムトラベルの思考実験	*343*
中国語の部屋［サール］	*101*
中国人民［ブロック］	*104*
チューリング・テスト	*99*
通過する列車上での同時性［アインシュタイン］	*262*
テセウスの船	*80*
哲学的ゾンビ［チャルマース］	*90*
転送機の思考実験①［パーフィット］	*69*
転送機の思考実験②［パーフィット］	*71*
トロッコ問題［フット］	*25*
トロッコ問題のバリエーション［フット］	*28*
難病治療のための冷凍保存	*73*
ニューカムの思考実験［ノージック］	*182*
ニュートンのバケツ	*244*
人間原理［ブランドン］	*132*
眠り姫問題［エルガ］	*138*

媒体の抵抗［ガリレオ］	*59*
光時計［アインシュタイン］	*265*
美人コンテストゲーム［ケインズ］	*218*
ひもでつながれた2つの物体の思考実験［ニュートン］	*247*
2人の人物の脳の交換［ウィリアムズ］	*69*
変形3囚人問題	*171*
マーミンの思考実験	*330*
マックスウェルの悪魔	*231*
マリーの部屋［ジャクソン］	*87*
湖の魚［レスリー］	*127*
無重力空間で加速するエレベーター［アインシュタイン］	*276*
モンティホール・ジレンマ	*163*
野戦病院での薬の配分	*34*
夢論法［デカルト］	*114*
連結体の落下［ガリレオ］	*57*

人名索引

アインシュタイン，アルベルト	*223, 260, 295, 319*
アクセルロッド，ロバート	*191*
アスペ，アラン	*334*
アリスタルコス	*55*
アリストテレス	*43, 53*
市川伸一	*167*
ウィグナー，ユージン	*306*
ウィリアムズ，バーナード	*69*
ウェイソン，ピーター	*197*
エア，アルフレッド	*195*
エディントン，アーサー	*129, 280*
エルガ，アダム	*138*
カーター，ブランドン	*132, 159*
ガードナー，マーチン	*167*
ガッサンディ，ピエール	*257*
ガリレイ，ガリレオ	*10, 52*
カルネアデス	*25*
カント，イマヌエル	*30*
カントール，ゲオルク	*45*
クーン，トマス	*322*
クラーク，サミュエル	*250*
グレゴリー	*40*
ケインズ，ジョン・メイナード	*147, 218*
ケプラー，ヨハネス	*257*
コペルニクス	*55*
サール，ジョン	*85, 101*
サンデル，マイケル	*25*
ジャクソン，フランク	*87*
シュレディンガー，エルヴィン	*65, 299, 321*
シラード，レオ	*233*
ゼノン	*37*
荘子	*113*
ダーウィン，チャールズ	*212*
チャルマース，デイヴィッド	*90*
チューリング，アラン	*98*
ディラック，ポール	*130*
デカルト，ルネ	*114*
デネット，ダニエル	*69*
ド・ブロイ，ルイ	*295, 321*
ド・メレ，シュバリエ	*148, 161*
ナッシュ，ジョン	*185*
ニュートン，アイザック	*243*
ネーゲル，トマス	*81*
ノージック，ロバート	*181*
パーフィット，デレク	*69*

ハイゼンベルク, ヴェルナー	283, 321
ハッキング, イアン	153
パトナム, ヒラリー	111
ハリス, ジョン	31
パルメニデス	37
ピュタゴラス	36
ビュリダン, ジャン	256
フィッシャー, ロナルド	220
フェルマー, ピエール・ド	148, 161
フォン・ノイマン, ジョン	97, 184, 303
フット, フィリッパ	25
プトレマイオス	55
ブラーエ, ティコ	56, 257
プランク, マックス	334
ブリュアン, レオン	233
ブロック, ネッド	105
ベイズ, トーマス	178
ベーコン, フランシス	16
ベネット, チャールズ	234
ベル, ジョン・スチュアート	329
ベルヌーイ, ダニエル	50
ベンサム, ジェレミ	27
ヘンペル, カール	203
ペンローズ, ロジャー	106
ボーア, ニールス	297, 322
ボーム, デビッド	325
ポパー, カール	203
マーミン, デビッド	319
マックスウェル, ジェームズ・クラーク	231
マッハ, エルンスト	10, 23, 243
ライプニッツ, ゴットフリード	246
ラッセル, バートランド	120, 130
ラプラス, ピエール・シモン	152, 178
レスリー, ジョン	127, 159
ローレンツ, ヘンドリック	270
ロバーツ, ティム	90
ワイゼンバウム, ジョセフ	95
ワイル, ヘルマン	130

用語索引

欧文

AI	97
CHSH 不等式	334
DNA	213
$E = mc^2$	269
EPR 状態	334
GPS	280
SQUID	310

あ行

アインシュタイン書簡	235
アインシュタイン-ド・ブロイの関係式	285, 295
アインシュタイン-ボーア論争	19
アレクサンドロス大王	53
イージープロブレム	90
意識	81
意識の超難問	90
意識のハードプロブレム	90
一般相対性理論	243, 273, 279
遺伝	212
遺伝子	213
意味論	104
イライザ	95
『インセプション』	116
インテリジェント・デザイン	125

裏切り行動	*191*	ガリレオ裁判	*56*
ウラシマ効果	*343*	ガリレオの相対性原理	*244, 256, 261*
裏命題	*201*	観察による選択効果	*133*
運動の不可能性	*37*	間主観推論による決定	*222*
運動量	*295*	慣性	*249, 278*
エーテル	*260*	慣性系	*271*
エッシャーのだまし絵	*227*	慣性の起源	*253*
エニグマ暗号	*98*	慣性の法則	*271*
エネルギー	*295*	慣性モーメント	*249*
エネルギー保存の法則	*227*	完全な予知に関するパラドックス	*182*
エルゴード増幅派	*309*	観測者の無限後退	*305*
遠心力	*244*	観測選択効果	*134, 157*
エントロピー増大の法則	*229*	観測理論	*302*
小澤の不等式	*293*	記憶説	*68*
		期待効用最大原理	*184*

か行

懐疑論	*112*	機能主義	*86, 101*
回転運動	*244*	帰納法	*203*
科学革命	*56, 272, 322*	帰謬法	*56, 340*
確証事例	*202*	逆命題	*201*
確証バイアス	*202*	客観解釈	*174*
確率振幅	*316*	協力行動	*191*
確率の逆算法	*178*	局所実在理論	*320, 332*
確率論	*148*	局所理論	*320, 331*
隠れた変数の理論	*310, 328*	巨視的干渉効果	*310*
仮言命法	*30*	巨視的量子効果	*310*
重ね合わせ状態	*298, 301, 314*	巨大数仮説	*129*
重ね合わせの原理	*313, 326*	クオリア	*83, 309*
仮説	*203*	クオリアの欠如	*87*
仮説形成的推論	*135*	クオリアの私秘性	*84*
仮想現実	*110*	クローン人間	*67*
加速度運動	*276*	継起の規則	*152*
可能世界	*136*	ゲーデルの不完全性定理	*46*
可能無限	*44*	ゲーム理論	*184*
神の存在証明	*119*	ケプラーの法則	*56*
		限界効用逓減の法則	*50*

原子爆弾	269	自由落下	273
光速度不変の原理	262, 271	自由落下する瓦職人	273
光電効果	295, 321	重力	273
行動主義	86, 101	主観解釈	174
光量子仮説	295, 321	主観的確率	153
黒体放射のプランクの法則	293	シュレディンガー方程式	302, 313
心	84	瞬間移動	66
心の哲学	90	循環論法	62, 119
胡蝶の夢	113	消極的殺人	30
古典極限	290	『新科学対話』	56
古典物理学	282	人格の同一性	67
コペルニクスの原理	136	進化論	124, 212
コペンハーゲン解釈	298, 322	人工知能	97
固有状態	314	身体説	67
コンプトン散乱	287	シンタックス	104

さ行

		振動数	295
最大多数の最大幸福	27	信念の度合い	153, 175
時間空間の無限分割	39	心理実験	173
時間の遅れ	265	心理的連続説	68
事後確率	179	数学基礎論	46
指示の魔術理論	111	数学の危機	46
事前確率	179	数秘術	36
自然の斉一性	209	『スタートレック』	66
舌切り雀	180	聖書	124
実在論	319	生存競争	212
実無限	44	正統解釈	298
質量	249	性淘汰	215
質量とエネルギーの等価性	269	積極的殺人	30
シミュレーション	20, 341	絶対空間	244, 248
射影公理	304	ゼノンのパラドックス	38
社会契約説	201	セマンティックス	104
社会的昆虫	215	全宇宙の物質分布	253
自由意思	194	染色体	213
終末論法	136	創造科学	124
		相対性原理	262

相補性原理	*297, 322*	ド・メレの疑問	*161*
遡及因果	*192, 195*	『ドラえもん』	*66*
ゾンビ論法	*90*	トリアージ	*34*
ゾンビワールド	*91*		

た行

第1種永久機関	*227*
対偶証明法	*59*
対偶命題	*201*
大数の法則	*151*
第2種永久機関	*227*
多宇宙	*133*
タキオン	*343*
多重夢世界	*116*
多世界解釈	*135, 310*
知識論法	*87*
地動説	*52*
チューリング・マシン	*98*
通常科学	*322*
強いAI	*104*
定言命法	*31*
デカルトのコギト	*114*
適者生存	*212*
転送機	*66*
天動説	*52*
『天文対話』	*56*
等価原理	*253, 279*
同型問題	*169*
統計力学	*228*
統語論	*104*
同時性	*265*
等速直線運動	*55, 268*
特殊相対性理論	*262, 269*
どこでもドア	*66*
賭博	*148*

な行

ニュートリノ	*342*
ニュートンの法則	*56*
ニュートン力学	*248, 271, 274, 282*
ネオ・ダーウィニズム	*213*
熱エネルギー	*227*
熱力学	*227*

は行

倍数体	*213*
ハイゼンベルクの不確定性原理	*282*
背理法	*37*
波束の収縮	*299, 303, 309, 326*
波長	*295*
波動関数	*313*
波動性	*295*
波動力学	*299*
パラダイム転換	*322*
パラドックス	*37, 42*
番犬効果	*46*
反証	*209*
反証主義	*203*
反証事例	*203*
半数体	*213*
非可換量同時測定問題	*288, 292*
光通信	*283*
非実在論	*319*
秘密結社	*36*
『ビューティフルマインド』	*185*
ピュタゴラス教団	*36*
不確定性関係の式	*283, 288*

複素数	*315*
物質波の理論	*295*
物理主義	*81, 101*
物理定数	*129*
物理的連続説	*67*
普遍命題	*209*
プランク定数	*287*
分離不可能性	*328*
並進運動	*244*
ベイズ更新	*179*
ベイズ推論	*152*
ベイズ統計学	*152*
ベイズの定理	*142, 166, 177, 203*
平凡の原理	*136*
ベルの不等式	*329, 333*
方法的懐疑論	*114*
ボルンの確率解釈	*303, 313*

ま行

枚挙的帰納法	*209*
マイケルソンとモーレーの実験	*269*
マッハの原理	*253, 279*
『マトリックス』	*110*
ミニョネット号事件	*24*
無限	*44*
無限集合論	*45*
命題	*201*
メンデルの遺伝学	*213*
モンテカルロ法	*148*

や行

唯物論	*84*
優越戦略	*187*
尤度	*169*
予定調和説	*195*

弱いAI	*104*

ら行

ランダウアーの原理	*238*
ランナウェイ仮説	*220*
リーマン幾何学	*280*
利他性	*215*
粒子性	*295*
量子コンピュータ	*240*
量子ゼノン効果	*46*
量子不可分性	*321, 328*
量子もつれ状態	*337*
量子力学	*282*
ローレンツ変換	*270*
ロブナー賞人工知能競技会	*97*
論点先取	*62*
論理学	*201*

本書は、2012年8月に刊行された『頭の中は最強の実験室──学問の常識を揺るがした思考実験──』を加筆・修正して文庫化したものです。

榛葉　豊　　しんば・ゆたか

慶應義塾大学大学院工学研究科博士課程修了．工学博士．
家業の旅館経営と慶應義塾大学研究員を経て，
1987〜2002 年，同大学非常勤講師．
1991 年，静岡理工科大学設置準備室を経て，同大学理工学部講師に着任．
2004 年〜同大学情報学部講師．2022 年退職．
専攻は科学哲学，科学基礎論，物理学．
著書に『今度こそ理解できる！　シュレーディンガー方程式入門』（化学同人）、
『思考実験　科学が生まれるとき』（講談社ブルーバックス）などが、
翻訳書に『数字マニアック』（化学同人）がある．

頭の中は最強の実験室
学問の常識を揺るがした思考実験

2024 年 9 月 20 日第 1 刷発行

著者　　榛葉　豊
発行者　曽根良介
編集担当　津留貴彰・大林史彦
発行所　株式会社化学同人
　　　　600-8074　京都市下京区仏光寺通柳馬場西入ル
　　　　電話　075-352-3373（営業部）／075-352-3711（編集部）
　　　　振替　01010-7-5702
　　　　https://www.kagakudojin.co.jp　webmaster@kagakudojin.co.jp
装幀　　BAUMDORF・木村由久
印刷・製本　創栄図書印刷株式会社

JCOPY 〈出版者著作権管理機構委託出版物〉

本書の無断複写は著作権法上での例外を除き禁じられています．複写される場合は，そのつど事
前に，出版者著作権管理機構（電話 03-5244-5088，FAX 03-5244-5089，e-mail: info@jcopy.or.jp）
の許諾を得てください．

本書のコピー，スキャン，デジタル化などの無断複製は著作権法上での例外を除き禁じられて
います．本書を代行業者などの第三者に依頼してスキャンやデジタル化することは，たとえ個人
や家庭内の利用でも著作権法違反です．

落丁・乱丁本は送料小社負担にてお取りかえいたします．
無断転載・複製を禁ず

Printed in Japan　Yutaka Shinba © 2024
ISBN978-4-7598-2518-3

本書のご感想をお寄せください